ゼロからはじめる
Visual C#
入門

基礎とアプリケーション作成

藤本 邦昭 [著]

森北出版株式会社

- 本書のサポート情報を当社 Web サイトに掲載する場合があります．下記の URL にアクセスし，サポートの案内をご覧ください．

    http://www.morikita.co.jp/support/

- 本書の内容に関するご質問は，森北出版 出版部「(書名を明記)」係宛に書面にて，もしくは下記の e-mail アドレスまでお願いします．なお，電話でのご質問には応じかねますので，あらかじめご了承ください．

    editor@morikita.co.jp

- 本書により得られた情報の使用から生じるいかなる損害についても，当社および本書の著者は責任を負わないものとします．

■ 本書に記載している製品名，商標および登録商標は，各権利者に帰属します．

■ 本書を無断で複写複製（電子化を含む）することは，著作権法上での例外を除き，禁じられています．複写される場合は，そのつど事前に(社)出版者著作権管理機構（電話 03-3513-6969，FAX 03-3513-6979，e-mail：info@jcopy.or.jp）の許諾を得てください．また本書を代行業者等の第三者に依頼してスキャンやデジタル化することは，たとえ個人や家庭内での利用であっても一切認められておりません．

はじめに

　この本は、大学、高専、専門学校などで、Visual C# を使ってはじめてプログラミング言語を学ぶ学生のための教科書として執筆したものです。パソコンは触ったことはあるけれど、プログラミングの経験はないという人をおもな対象にしています。また、前提知識が必要ありませんので、独学で Visual C# を学ぶ際のテキストとしても適していると思います。

　Visual C# は、Visual Studio というマイクロソフト社のソフトウェア統合開発環境の中に含まれるプログラミング言語です。この Visual Studio は、商用の Windows アプリケーションも作成できる強力な開発環境です。しかし、高機能がゆえに、その機能の説明に深入りすると覚えなければならないことが多くなり、逆に、はじめてプログラミング言語を学ぶ人にとってプログラミング自体の理解を妨げる要因になります。そこで、本書はまったくプログラミングを勉強したことがない人でも理解しやすいように、Visual Studio の開発環境の説明は最小限にとどめ、プログラミングの考え方と文法を中心に解説しています。また、最初の部分では図を多用して丁寧に説明し、間違いやすいと思われる部分では例を示して説明しています。さらに、各章の内容は、例題を通して学べるようにしています。プログラミングは本を読むだけではなかなか理解できないものですので、Visual Studio を立ち上げ、プログラム（アプリケーション）を作成しながら、頭だけでなく体でもプログラミングを習得してください。そして、各章の章末には、理解度を確認できるように練習問題を設けていますので、自分の力を確かめるつもりで練習問題に取り組んでみてください。

　本書は、プログラミングを楽しく学べるように、オリジナルゲームをつくることを目標として書かれています。9 章まで読み終えたら、シューティングゲームのような動きのあるゲームが作れるようになります。本書の例題を参考にして、オリジナルゲームを作成して遊んでみてください。また、最終章の 10 章では、オブジェクト指向について説明しています。Visual C# がオブジェクト指向という考え方に基づいたプログラミング言語であるため、一般的な Visual C# の本ではこれを最初に説明していますが、プログラミングの基礎を理解しやすいように、9 章まではあえてオブジェクト指向に触れていません。基礎が身についた時点で、10 章のオブジェクト指向を読んでいただくのがよいでしょう。

　わが国では、情報系技術者が不足しています。今後もインターネットを利用したサービスの増加により情報系技術者不足はますます深刻になることが予想されています。本書によってプログラミングの面白さを感じ、これがきっかけとなって一人でも多くの人が情報系技術者を目指して勉強しくれたら幸いです。

　最後になりましたが、本書の編集を担当していただいた森北出版の村瀬健太様に心からお礼を申し上げます。また、本書作成を手伝ってくれた、長女の藤本美久に感謝します。

2018 年 8 月

藤本邦昭

目 次

Chapter 1　はじめてのプログラミング　　1

1.1　Visual C# について ……………………………………… 1
1.2　起動とプロジェクトの新規作成…………………………… 2
1.3　プログラム作成……………………………………………… 5
1.4　プロジェクトの呼び出しと修正…………………………… 15
練習問題 1 …………………………………………………………… 23

Chapter 2　順次処理　　24

2.1　変数…………………………………………………………… 24
2.2　定数（リテラル）…………………………………………… 26
2.3　算術演算……………………………………………………… 29
2.4　関数…………………………………………………………… 31
2.5　コメント……………………………………………………… 32
2.6　データ型の変換……………………………………………… 32
練習問題 2 …………………………………………………………… 37

Chapter 3　選択処理　　38

3.1　if 文による分岐 1（条件により実行する処理を選択）…… 38
3.2　if 文による分岐 2（条件成立時のみ処理を実行）………… 41
3.3　if 文による分岐 3（三つ以上の処理からの選択）………… 43
3.4　switch case 文による分岐 ………………………………… 46
3.5　ラジオボタン………………………………………………… 49
3.6　チェックボックス…………………………………………… 51
練習問題 3 …………………………………………………………… 53

Chapter 4　繰り返し処理　　54

4.1　for 文による繰り返し ……………………………………… 54
4.2　while 文による繰り返し …………………………………… 60
4.3　多重ループ構造……………………………………………… 64

練習問題 4 ……………………………………………………………………… 67

Chapter 5　配　列　　68
5.1　1次元配列……………………………………………………………… 68
5.2　多次元配列……………………………………………………………… 82
練習問題 5 ……………………………………………………………………… 87

Chapter 6　メソッド　　88
6.1　メソッドの定義と呼び出し…………………………………………… 88
6.2　参照渡しのメソッド…………………………………………………… 93
練習問題 6 ……………………………………………………………………… 96

Chapter 7　ファイル処理　　97
7.1　ファイルへの出力……………………………………………………… 97
7.2　ファイルの読み込み…………………………………………………… 102
練習問題 7 ……………………………………………………………………… 107

Chapter 8　簡単なゲーム　　108
8.1　乱数の発生……………………………………………………………… 108
8.2　タイマー………………………………………………………………… 111
8.3　コントロール配列……………………………………………………… 115
練習問題 8 ……………………………………………………………………… 120

Chapter 9　動きのあるゲーム　　121
9.1　オブジェクトの位置…………………………………………………… 121
9.2　KeyDown イベントによるオブジェクトの移動…………………… 126
練習問題 9 ……………………………………………………………………… 131

Chapter 10　オブジェクト指向　　132
10.1　Visual C# のプログラムの構造 …………………………………… 132
10.2　オブジェクト指向とは ……………………………………………… 134
10.3　カプセル化と隠蔽 …………………………………………………… 135

10.4　継承 …………………………………………………………………… 141
練習問題 10 …………………………………………………………………… 145

練習問題略解 ………………………………………………………………… 146

索　引 ………………………………………………………………………… 150

本書の例題および練習問題のプログラムファイルと、練習問題の詳細な解答は、下記 URL よりダウンロードできます。

http://www.morikita.co.jp/books/mid/081841

Chapter 1 はじめてのプログラミング

本章では、まず、Visual C# がどういうものかについて説明します。次に、[カウントアップ]というボタンを押すと表示されている値が1ずつ増加し、[カウントダウン]というボタンを押すと表示されている値が1ずつ減少する簡単な機能のプログラムを作り、これを通して Visual C# によるプログラム開発の概要を学びます。

1.1 Visual C# について

コンピュータに仕事をさせるためには、仕事の手順をコンピュータが理解できる言葉で書かなければなりません。この言葉がプログラミング言語です。プログラミング言語は、使用目的や使用環境により使い分けられています。表1.1 は、代表的なプログラミング言語とその使用目的です。

表1.1 代表的なプログラミング言語とその使用目的

プログラミング言語	使用目的
Fortran	科学技術計算用
COBOL	事務処理用
C 言語	システム開発用、制御プログラム開発用
Java	オープンシステム用
Basic	教育用、パソコン用
Visual C++	Windows ソフト開発用(高機能だが習得が難しい)
Visual C#	Windows ソフト開発用(比較的高機能だが、簡単に習得できる)
Visual Basic	Windows ソフト開発用(簡単に習得できるが低機能)

(Visual C++、Visual C#、Visual Basic は Visual Studio)

今回学んでいく Visual C# は、パソコンにおいてもっとも普及しているオペレーティングシステム(OS または基本ソフトともいう)である Microsoft Windows 上で動作するアプリケーションソフトを作るためのプログラミング言語で、2002年に登場した比較的新しいプログラミング言語です。当初は単体の製品も存在していましたが、現在では Visual C++、Visual Basic などのプログラミング言語と一緒に Visual Studio として販売されています。また、個人利用者を対象とした無料の製品もあり、Microsoft 社の Web サイトからダウンロードできます。

1.2 起動とプロジェクトの新規作成

　Visual Studio の起動と Visual C# のプロジェクトを作成する方法を Visual Studio Community 2017 という無料の製品で説明します。なお、バージョンやエディションが異なる場合は、操作方法が若干異なりますので、本節の「起動とプロジェクトの新規作成」の部分については、必要に応じて、それぞれのバージョンやエディションのマニュアルまたはヘルプも読んでください。

　それでは、さっそく Visual Studio を起動しましょう（図 1.1）。

① ［スタート］ボタンをクリックします。

② ［Visual Studio 2017］をクリックします。

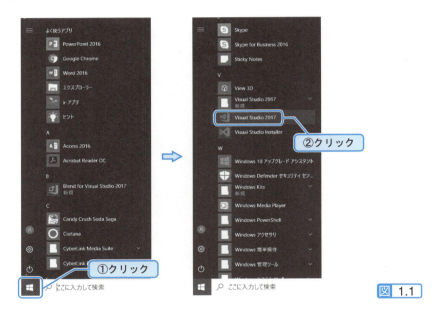

図 1.1

　Visual Studio が起動すると、図 1.2 のようなスタートページが表示されます。次に、プロジェクトを作成します。プロジェクトとは、プログラム開発の単位です。一つのプロジェクトで一つのアプリケーションプログラムを作成します。

③ ［新しいプロジェクトの作成］をクリックします。

1.2 起動とプロジェクトの新規作成

図 1.2

　図1.3のような[新しいプロジェクト]ダイアログボックスが表示されますので、以下の手順で、プロジェクトの種類と名前と保存場所を指定します。

④ [Visual C#]をクリックします。

⑤ [Windows フォームアプリケーション]をクリックします。

⑥ [名前]ボックスにいまから作成するプログラムの名前を入力します。ここでは、「例題1」という名前にしますので、「例題1」と入力してください。

⑦ [場所]ボックスにプログラムの保存場所を入力します。キーボードから直接入力せずに、ボックスの横の[参照]ボタンを押して指定することもできます。

⑧ [OK]をクリックします。

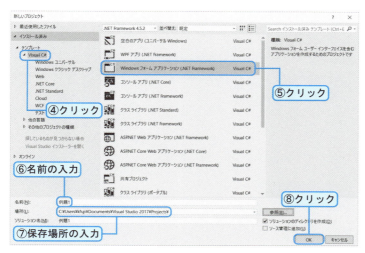

図 1.3

4 Chapter 1　はじめてのプログラミング

　すると、図1.4のように表示画面が変わります。このままプログラムを作成してもよいのですが、ツールボックスを常に表示するようにしておいたほうが便利です。以下の手順でツールボックスを常に表示するようにしましょう。

⑨ [ツールボックス]タブをクリックします。[ツールボックス]タブが表示されていない場合は、メニューの表示から選択して配置します。

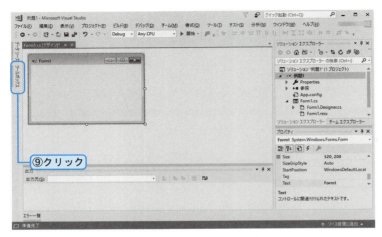

図 1.4

　すると、図1.5のようにツールボックスが表示されます。

⑩ ツールボックスの右上の押しピンのアイコンをクリックします。

⑪ [すべてのWindowsフォーム]をクリックします。

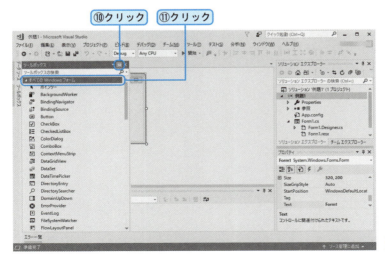

図 1.5

1.3 プログラム作成

Visual C# でのプログラム開発は、次の三つのステップで行います。

1. コントロールの配置

コントロールとは、プログラムを作り上げるために用意されている色々な部品です。プログラム開発の第1ステップでは、ツールボックス（図1.6 ①）からコントロールを選択して、フォーム（図1.6 ②）に配置していきます。この操作でフォームに配置されたコントロールを、**オブジェクト**といいます。

2. プロパティの変更

オブジェクト（フォームに配置された部品）には、さまざまな性質があります。色、大きさ、位置、表示されている文字などがそうです。これらの性質のことを**プロパティ**といいます。プログラム開発の第2ステップでは、オブジェクトのプロパティを変更します。プロパティの変更は、プロパティウィンドウ（図1.6 ③）で行います。

3. プログラムコードの入力

オブジェクトに刺激（**イベント**）が発生した場合に実行されるプログラムコードを入力します。プログラムコードの入力は、コードウィンドウで行います。なお、コードウィンドウは図1.6 中にはまだ表示されていません。

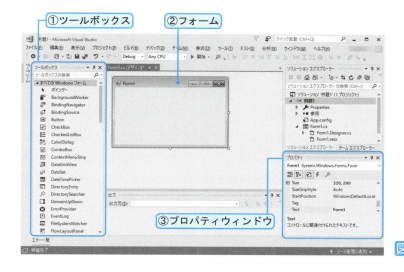

図 1.6

（1）コントロールの配置

① ツールボックスの Button（ボタン）コントロールをクリックします（図 1.7）。Button は、ボタンを押したときにプログラムを実行させたい場合に用いる部品です。

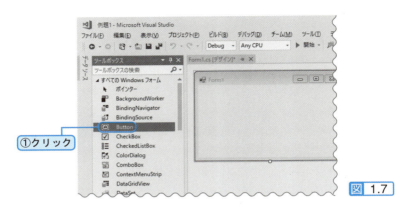

図 1.7

② フォーム上の Button を配置したい場所でクリックします（図 1.8）。すると、クリックしたところに Button のオブジェクトが配置されます。これは最初に配置した Button なので、button1 というオブジェクト名が付けられます。

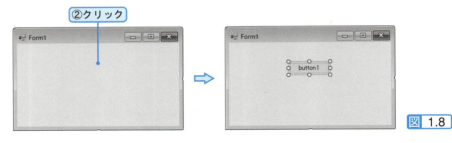

図 1.8

Point

コントロール名の最初は大文字ですが、オブジェクト名では小文字です。たとえば、Button という名前のコントロールを配置すると、オブジェクト名は button1 などになります。

Point

配置したオブジェクトの場所は、ドラッグ（マウスの左ボタンを押した状態で移動）により変更できます。また、オブジェクトの大きさは、ハンドル（配置したオブジェクトの周りに表示されている 8 個の四角）をドラッグすることにより変更できます。

③ ツールボックスの Label（ラベル）コントロールをクリックします（図 1.9）。Label は文字を表示させるための部品です。

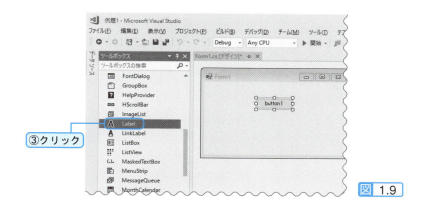

図 1.9

④ フォーム上の Label を配置したい場所でクリックします（図 1.10）。すると、クリックしたところに Label のオブジェクトが配置されます。これは最初に配置した Label なので、label1 というオブジェクト名が付けられます。

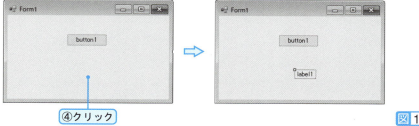

図 1.10

（2）プロパティの変更

① フォーム上の button1 をクリックして選択します（図 1.11 ①）。プロパティウィンドウに、選択したオブジェクトのプロパティ名と設定値が表示されます。

② button1 の Text（テキスト）プロパティの初期値は「button1」になっています。これを「カウントアップ」に変更してください（図 1.11 ②）。変更後、Enter キーを押すと、button1 というオブジェクトに表示されている文字が「button1」から「カウントアップ」に変わります。

③ フォーム上の label1 をクリックして選択します（図 1.12 ③）。

④ label1 の Text プロパティを「0」（半角の 0）に変更してください（図 1.12 ④）。

8 Chapter 1　はじめてのプログラミング

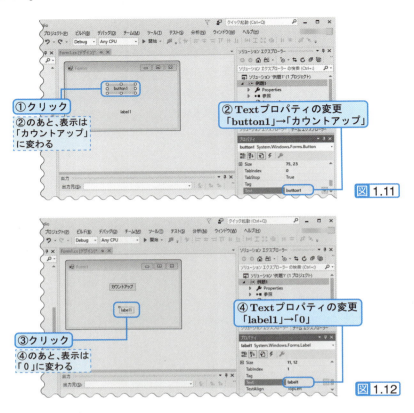

図 1.11

図 1.12

⑤ フォーム上の何も配置していない場所をクリックして、Form1 を選択します（図 1.13 ⑤）。
⑥ Form1 の Text プロパティを「例題 1」に変更してください（図 1.13 ⑥）。フォームのタイトルバーに表示されている文字が「Form1」から「例題 1」に変わります。

図 1.13

1.3　プログラム作成　9

（3）プログラムコードの入力

① フォーム上の button1 をダブルクリックします（図 1.14）。

図 1.14

すると、図 1.15 のように、中央にコードウィンドウが表示されます。コードウィンドウには、現在のフォームに関するプログラムコードがすでに入力されていますので消さないでください。button1 をダブルクリックしたことにより、図 1.15 の四角で囲んだプログラムコードが自動的に作成されます。この部分に、button1 をクリックしたときに実行するプログラムを記述します。

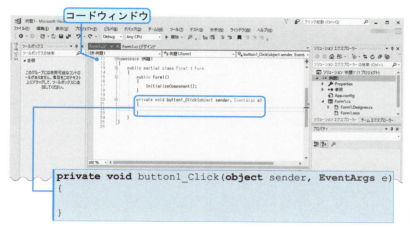

図 1.15

② プログラムコードを記述します（図 1.16）。

private void button1_Click の下の { と } の間にプログラムコードを記述してください。記述するのは、以下の網掛け部分です。

```
private void button1_Click(object sender, EventArgs e)
{
    label1.Text = Convert.ToString(Convert.ToInt32(label1.Text) + 1);
}
```

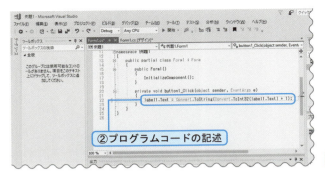

図1.16

　自動的に作成された1行目の private void の後ろの部分が、button1_Click になっていることを確認してください。これは、button1 を Click（クリック）したという刺激（イベント）によって、このプログラムコードが実行されることを表しています。

　記述したプログラムコードの中の label1.Text というのは、label1 の Text プロパティの値を表します。このように、あるオブジェクトのプロパティの値を指定する場合、オブジェクト名の後ろにドットを打ちプロパティ名を記述します。「=」は等しいという意味ではなく、右辺の値を左辺に代入するという動作を表します。また、Convert.ToString は数値を文字列に変換するはたらき、Convert.ToInt32 は文字列を数値（ここでは、32ビットの整数）に変換するはたらきがあります。

　このプログラムコードは、label1 の Text プロパティの値を1増加させるという簡単な機能ですが、このように少し長い記述をしなければなりません。これは、Text プロパティの値が文字列であり、そのままでは足し算ができないためです。また、Text プロパティには文字列しか代入できないためです。そこで、label1 の Text プロパティの値を Convert.ToInt32 により数値に変換し、その値に1加算し、それを Convert.ToString により再び文字列に変換して label1 の Text プロパティに代入しています。

> **Point**
>
> ボタンを押すごとに label1 の値が1増加するプログラムですが、
>
> 　　label1.Text = label1.Text + 1;
>
> と書けばよいのではないかと思う人もいると思います。しかし、このような記述だとボタンを押すたびに、0 → 01 → 011 → 0111 → 01111 と、いままで label1 に表示されている文字列の後ろに1を追加していく結果になります。これは、label1 の Text プロパティの値は文字列であり、文字列に対して「+」演算子が、文字列の連結演算子（文字列の後ろに文字列をつなげ一つの文字列にする演算子）としてはたらくためです。

1.3 プログラム作成　11

> **Point**
>
> コードを入力する際に、途中まで文字を入力すると入力候補が表示されます。今回の場合、label1の最初の文字の「l」（エル）を入力した段階で入力候補としてlabel1が表示され、また色つきで選択されているはずです。この状態で、EnterキーまたはTabキーを押すと、選択されている文字が確定します。入力したい文字が入力候補でない場合、引き続き文字を入力すると入力候補が絞られていきます。また、表示されているけれども選択されていない場合は、マウスか矢印キーで入力したい文字を選びます。

先ほどは、フォーム上のbutton1をダブルクリックすることによりプログラムコードを入力する画面（コードウィンドウ）に自動的に切り替わりました。フォームを設計するための画面（フォームデザイナ）に戻るには、Form1.cs［デザイン］というタブをクリックします（図1.17）。

図1.17
フォームデザイナの画面への切り替え

また、Form1.csというタブをクリックすると、再びコードウィンドウに切り替わります（図1.18）。

図1.18
コードウィンドウの画面への切り替え

(4) 実行
① ツールバーの[開始]ボタンをクリックします（図1.19）。

図 1.19

　すると、図1.20のようなウィンドウが表示されます。フォームデザイナ画面で表示されていたウィンドウとは、見た目がわずかに異なりますが、問題はありません。このウィンドウでプログラムを動作させることができます。

図 1.20

② [カウントアップ]のボタンをクリックして動作を確認してください（図1.21 ②）。ボタンを押すたびに数字が1増えて表示されれば、正しく動作しています。

③ 右上の閉じるボタン[×]をクリックすると、プログラムが終了します（図1.21 ③）。

図 1.21

1.3 プログラム作成

エラーがあると、下のようなウィンドウが表示されるので、[いいえ]のボタンをクリックしたあと、プログラムを修正します（図1.22）。

プログラムの実行中はツールバーの四角いボタン（停止ボタン）が紫色になっています。このボタンをクリックすることでもプログラムを停止させることができます（図1.23）。

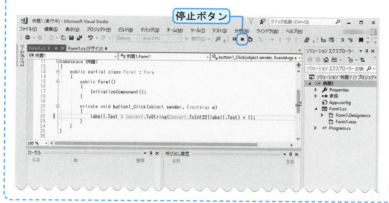

（5）プロジェクトの保存

作成したプロジェクトを保存しましょう。以下の手順で保存できます（図1.24）。

① メニューバーの［ファイル］をクリックします。

② プルダウンメニュー内の［すべて保存］をクリックします。

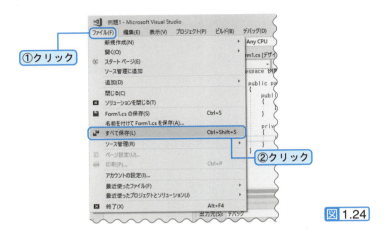

図 1.24

（6）Visual Studio の終了

プロジェクトの保存ができたら、Visual Studio を終了しても安心です。Visual Studio は以下の手順で終了できます（図1.25）。

① メニューバーの［ファイル］をクリックします。

② プルダウンメニュー内の［終了］をクリックします。

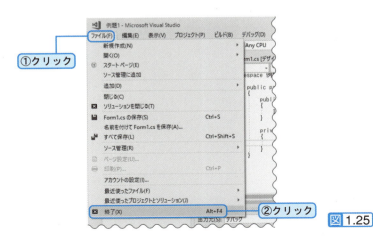

図 1.25

1.4 プロジェクトの呼び出しと修正

　前節で作成したプログラムは、ボタンを押すとカウントアップする機能のプログラムでした。ここでは、ボタンをもう一つ追加してカウントダウンの機能を付け加えてみましょう。

(1) プロジェクトを開く

　図 1.26 のように、Visual Studio を起動後に表示されるスタートページの画面に、開きたいプロジェクトの名前が表示されている場合は、クリックするだけでそのプロジェクトを開くことができます。

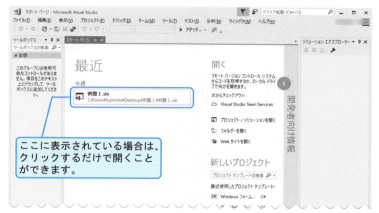

図 1.26

　しかし、開きたいプロジェクトが最近作業したものでない場合もあるので、今回は以下の手順に沿った一般的な方法でプロジェクトを開いてみましょう（図 1.27）。

① Visual Studio を起動したあと、メニューバーの[ファイル]をクリックします。

② 表示されるプルダウンメニュー内の[開く]をクリックします。

③ [プロジェクト/ソリューション]をクリックします。

16 Chapter 1　はじめてのプログラミング

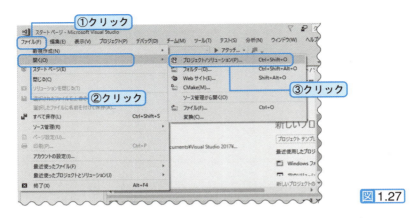

図 1.27

④ プロジェクトを保存した場所に、プロジェクト名と同じ「例題 1」という名前のフォルダがありますのでダブルクリックします。もし、「例題 1」という名前のフォルダが見つからない場合は、プロジェクトを別の場所に保存していますので、左の欄で保存フォルダを指定しましょう（図 1.28）。

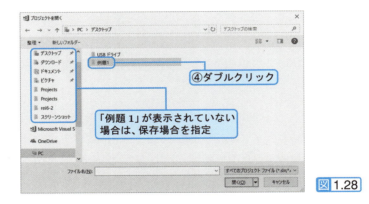

図 1.28

⑤ 例題 1 のフォルダの中身が表示されますので、その中の「例題 1.sln」というアイコンをダブルクリックしてください（図 1.29）。

> **Point**
> プログラムをほかの場所に移動したい場合やコピーしたい場合は、プロジェクトのフォルダごと移動またはコピーを行ってください。一部のファイルだけを移動やコピーすると、プログラムが動作しなくなることがありますので注意してください。

1.4 プロジェクトの呼び出しと修正　17

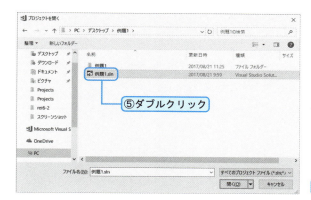

図 1.29

ファイルが開かれると、図 1.30 のように、保存したプロジェクトのフォームが表示されるはずです。これで、保存時の状態からプロジェクトの設計を再開できます。

図 1.30

P oint

プロジェクトを呼び出したとき、図 1.31 のようにフォームが表示されない場合があります。このような場合は、ソリューションエクスプローラー内の Form1.cs をダブルクリックすると、フォームが表示されます。

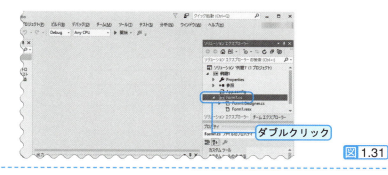

図 1.31

（2）コントロールの追加とプロパティの設定

① button1（[カウントアップ]と表示されているボタン）をドラッグして左に移動します（図 1.32）。

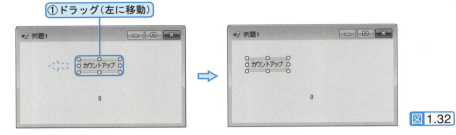

図 1.32

② ツールボックスの Button コントロールをクリックします（図 1.33）。

図 1.33

③ フォーム上の Button を配置したい場所でクリックします（図 1.34）。配置した Button は 2 番目に配置した Button なので、button2 というオブジェクト名が付けられます。

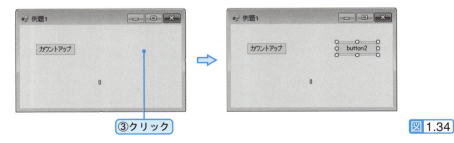

図 1.34

④ button2 の Text プロパティの初期値は「button2」になっていますので、これを「カウントダウン」に変更してください（図 1.35）。

1.4 プロジェクトの呼び出しと修正　19

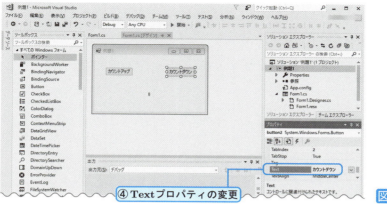

④Textプロパティの変更　図 1.35

(3) プログラムコードの入力
① フォーム上の button2（[カウントダウン]と表示されているボタン）をダブルクリックします（図 1.36）。

①ダブルクリック　図 1.36

すると、図 1.37 のようなコードウィンドウに切り替わります。また、button2 をダブルクリックしたことにより、図 1.37 の四角で囲んだプログラムコードが自動的に作成されます。

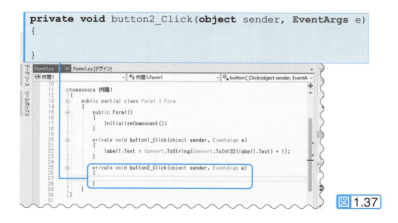

図 1.37

② プログラムコードを記述します（図1.38）。private void button2_Click の下の { と } の間に次のプログラムを記述してください（図1.38）。記述するのは、以下の網掛け部分です。

```
private void button2_Click(object sender, EventArgs e)
{
    label1.Text = Convert.ToString(Convert.ToInt32(label1.Text) - 1);
}
```

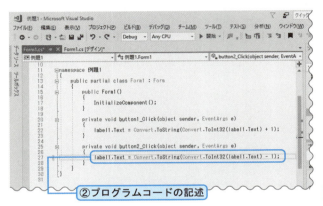

図 1.38

　自動的に作成された1行目の private void の後ろが、button2_Click になっていることを確認してください。これは、button2 を Click（クリック）したという刺激（イベント）によって、このプログラムコードが実行されることを表しています。このプログラムコードは、label1 の Text プロパティの値を、Convert.ToInt32 により数値に変換し、その値から1を減算し、それを Convert.ToString により再び文字列に変換して label1 の Text プロパティに代入しています。これにより、button2 をクリックすると、label1 に表示されている値が1ずつ減少します。

（4）実行

① ツールバーの［開始］ボタンをクリックします（図 1.39）。

図 1.39

すると、図 1.40 のようなウィンドウが表示されます。

図 1.40

② ［カウントアップ］と［カウントダウン］のボタンをクリックして動作を確認してください（図 1.41 ②）。

③ 右上の閉じるボタン［×］をクリックすると、プログラムが終了します（図 1.41 ③）。

図 1.41

（5）プロジェクトの保存

修正したプログラムを上書き保存します（図1.42）。

① メニューバーの［ファイル］をクリックします。

② 表示されたプルダウンメニュー内の［すべて保存］をクリックします。

図1.42

（6）Visual Studio の終了

プロジェクトの保存が無事にできたら、Visual Studio を終了します（図1.43）。

① メニューバーの［ファイル］をクリックします。

② 表示されたプルダウンメニュー内の［終了］をクリックします。

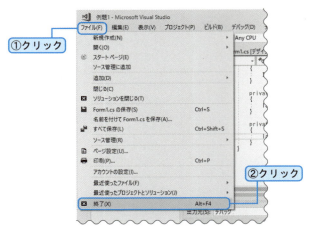

図1.43

練習問題1

1 右のボタンを押すとラベルの値が1増加し、左のボタンを押すとラベルの値が10増加するプログラムを作ってください（作成例：問図1.1）。

問図 1.1

2 左のボタンを押すと左のラベルの値が1ずつ増加し、右のボタンを押すと右のラベルの値が1ずつ増加するプログラムを作ってください（作成例：問図1.2）。

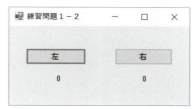

問図 1.2

3 左上のボタンを押すと左のラベルの値が1増加、左下のボタンを押すと左のラベルの値が1減少、右上のボタンを押すと右のラベルの値が1増加、右下のボタンを押すと右のラベルの値が1減少するプログラムを作ってください（作成例：問図1.3）。

問図 1.3

Chapter 2 順次処理

1章のプログラムでは、一つのイベントに対して1行しかプログラムコードを記述しませんでしたが、一般には複数行のプログラムコードを記述します。複数行のプログラムコードの場合、通常は上から下へと順に処理が行われます。このように、上から下へと順番に行われる処理を、**順次処理**または**逐次処理**といいます。本章では、プログラムを作成するうえで必要な知識（変数、リテラル、算術演算子、関数、コメント、データ型の変換）について学び、順次処理のプログラムを作成します。

2.1 変数

プログラム内でデータを記憶しておく領域のことを、**変数**といいます。変数を使用する前には、記憶領域を確保するために、変数の宣言が必要です。変数宣言では、変数の名前と型を決めることになります。ここで、変数の型（**データ型**）とは、変数に記憶するデータの種類のことです。表 2.1 に、おもな変数の型を示します。

表 2.1 変数の型

型 名	値の範囲
符号付き 8 ビット整数型　sbyte	$-128 \sim 127$
符号なし 8 ビット整数型　byte	$0 \sim 255$
符号付き 16 ビット整数型　short	$-32,768 \sim 32,767$
符号なし 16 ビット整数型　ushort	$0 \sim 65,535$
符号付き 32 ビット整数型　int	$-2,147,483,648 \sim 2,147,483,647$
符号なし 32 ビット整数型　uint	$0 \sim 4,294,967,295$
符号付き 64 ビット整数型　long	$-9,223,372,036,854,775,808 \sim 9,223,372,036,854,775,807$
符号なし 64 ビット整数型　ulong	$0 \sim 18,446,744,073,709,551,615$
単精度浮動小数点型　float	負の値：$-3.4028235 \times 10^{38} \sim -1.401298 \times 10^{-14}$ 正の値：$1.401298 \times 10^{-45} \sim 3.4028235 \times 10^{38}$
倍精度浮動小数点型　double	負の値：$-1.79769313486231570 \times 10^{308}$ 　　　　$\sim -4.94065645841246544 \times 10^{-324}$ 正の値：$4.94065645841246544 \times 10^{-324}$ 　　　　$\sim 1.79769313486231570E \times 10^{308}$
文字型　char	1 文字（16 ビット文字）
文字列型　string	0 個 ～ 約 20 億個の文字
ブール型　bool	True または False

変数宣言は、具体的には、以下の書式のように、変数の型名に続けて変数名を書くことでできます。同じ型の変数であれば、同時に複数を宣言することもできます。

- 変数宣言 -
    変数の型 変数名;

- 変数宣言(複数まとめて) -
    変数の型 変数名1, 変数名2, …;

ここで、変数名は、次の規則に従って自由に付けることができます。なお、Visual C# では、大文字と小文字は区別されます。

- 変数名を付ける場合の規則と制限 -
1. 使用できる文字は、英数字、アンダースコア（ _ ）、ひらがな、カタカナ、漢字です。
2. 先頭の文字に数字は使用できません。
3. 予約語（`if` や `int` や `float` など、Visual C# で特別な意味をもつ言葉）は使用できません。ただし、予約語を途中に含むことは許されています。

例 1 変数名に使用できる例と使用できない例を示します。

使用できる　　　a　a1　d_a　a_1　データ　値　値1　IF　If　Float
使用できない　　if　1a　int　float

`if` は予約語ですが、大文字と小文字が区別されるため、`IF` や `If` は変数名に使用できます。ただし、プログラムが読みにくくなるため、使用はお勧めしません。

例 2 a という名前の符号付き 32 ビット整数型の変数を宣言する場合、次のように書きます。

```
int a;
```

例 3 b という名前の倍精度浮動小数点型の変数を宣言する場合です。

```
double b;
```

例 4 a と b という名前の二つの符号付き 32 ビット整数型の変数を 1 行で宣言する場合、次のように書きます。

```
int a, b;
```

変数の有効範囲は、宣言した場所によって異なります。{ と } で囲まれた中で宣言すると、その中でのみ有効な変数になります。なお、有効範囲のことを**スコープ**ともいいます。

例 5　次の場合、変数 a は処理 A、処理 B、処理 C において有効ですが、変数 b は処理 B でのみ有効です。

```
{
    int a;
    処理 A
    {
        int b;        変数 b の
        処理 B        有効範囲      変数 a の
    }                              有効範囲
    処理 C
}
```

2.2　定数（リテラル）

　プログラムコードにおいて、数値や文字列を直接記述した定数のことを、**リテラル**といいます。リテラルも、変数と同じように、文字型、文字列型、整数型、浮動小数点型などがあります。文字型は 1 文字をシングルクォーテーション（'）で、文字列型は文字列をダブルクォーテーション（"）で囲みます。また、小数点を含んでいない数値は符号付き 32 ビット整数型、小数点を含んだ数値は倍精度浮動小数点型になります。1.234×10^5 のような指数表記された値を記述する場合、Visual C# では 1.234E+5 と表します。

例 1　文字型リテラル、文字列型リテラル、整数型リテラル、浮動小数点型リテラルの例を示します。

```
文字型リテラル            'a'    '1'    '山'    '川'
文字列型リテラル          "a"   "abcde"  "ab cde"  "一攫千金"   ""
符号付き 32 ビット整数型リテラル    1    -123    12345
倍精度浮動小数点型リテラル        12.345   -12.345   -1.23E-5   1.23E+2
```

半角英数字だけでなく、漢字などの全角文字（2バイト文字）も1文字であれば、文字型リテラルとして扱えます。文字列型リテラルの最後の例の""は、文字を含まない文字列です。倍精度浮動小数点型リテラルの最後の例の1.23E+2は、1.23 × 10^2 = 123なので整数値ですが、値の表現に小数点を含むため、浮動小数点型になります。

例 2 　文字型の変数 a を宣言して、それから a に J という文字を記憶させる記述です。

```
char a;
a = 'J';
```

式中のイコール（=）は、先にも説明しましたが、等しいという意味ではなく、右辺の値を左辺に代入するという動作を表します。

例 3 　文字列型の変数 b を宣言して、それから b に Japan という文字列を記憶させる記述です。

```
string b;
b = "Japan";
```

例 4 　符号付き32ビット整数型の変数 c を宣言して、それから c に 123 という数値を記憶させる記述です。

```
int c;
c = 123;
```

例 5 　倍精度浮動小数点型の変数 d を宣言して、それから d に 12.3 という数値を記憶させる記述です。

```
double d;
d = 12.3;
```

変数宣言と同時に、変数に値を設定することもできます。以下に、この場合の書式を示します。

```
┌ 変数宣言と値の設定 ─────────
│　変数の型　変数名　＝　リテラル；
└──────────────────────
```

変数宣言と値の設定（複数まとめて）
変数の型　変数名1　=　リテラル1，変数名2　=　リテラル2，…；

例 6　文字型の変数 a を宣言すると同時に、J という文字を記憶させる記述です。機能は例2と同じです。

```
char a = 'J';
```

例 7　文字列型の変数 b を宣言すると同時に、Japan という文字列を記憶させる記述です。機能は例3と同じです。

```
string b = "Japan";
```

例 8　符号付き32ビット整数型の変数 c を宣言すると同時に、123 という数値を記憶させる記述です。機能は例4と同じです。

```
int c = 123;
```

例 9　符号付き32ビット整数型の変数 a と b を宣言すると同時に、変数 a に 123 という数値を、変数 b に 456 という数値を記憶させる記述です。

```
int a = 123, b = 456;
```

例 10　倍精度浮動小数点型の変数 c を宣言すると同時に、12.3 という数値を記憶させる記述です。機能は例5と同じです。

```
double c = 12.3;
```

Point

次のように、float で宣言した変数に実数値を代入しようとすると、エラーになります。これは、Visual C# において、小数点を含んでいる数値は倍精度浮動小数点型として扱われ、単精度浮動小数点型へ代入しようとするために起こるエラーです。

```
float c;
c = 12.3;     ×
```

この場合、数値の後ろに「f」か「F」を付けると単精度浮動小数点型とみなされるため、エラーはなくなります。

```
float c;
c = 12.3f;
```
○

しかし、C# で実数値を扱う際は、double で宣言した倍精度浮動小数点型の変数を利用することをお勧めします。

```
double c;
c = 12.3;
```
◎

一般に、変数の型とそれに代入する値（定数）の型が異なると、エラーになります。変数宣言や代入の際には注意してください。

2.3 算術演算

ここでは、プログラミングにおいて、加算や減算などの算術演算をどのように実行させるかを示します。

表2.2 は、Visual C# における、おもな**算術演算子**と演算の優先順位です。演算順序は、一般の数学の場合と同様に、乗除算を加減算より先に行います。また、数式にカッコを付けると、カッコ内が先に計算されます。コンピュータでは、乗算の演算子にアスタリスク（*）を使用します。これは、×を使用すると英字のエックス（x）と間違えやすくなるためです。除算には÷ではなくスラッシュ（/）を使います。また、% は除算の余りを求める演算です。

表2.2 算術演算子と優先順位

算術演算子	意　味	優先順位	使用例	→	実行結果
-	負符号	1	-3 + 4	→	1
*	乗算	2	3 * 2	→	6
/	除算	2	14 / 4	→	3
%	除算の余り	2	14 % 4	→	2
+	加算	3	7 + 2 + 3	→	12
-	減算	3	7 - 2 - 3	→	2

表2.2 において、14/4 の値が 3 になっています。これは、整数型どうしの演算は整数になるためです。14.0/4.0 や 14.0/4.0 や 14.0/4 とすると、3.5 になります。

Chapter 2 順次処理

例 1 次のプログラムを実行すると、変数 a の値がどうなるか考えてみましょう。

```
int a;          ←a という整数型の記憶領域が確保される
a = 3;          ←a の値が 3 になる
a = a + 2;      ←a が 3 なので、3+2 の計算結果 5 が a に代入される
```

プログラム中のイコール (=) は、右辺の値を左辺に代入するという動作を表します。右辺が定数の場合は、その値を左辺の変数に代入します。右辺が式の場合は、右辺の式の計算結果を左辺の変数に代入します。

例 2 次のプログラムの場合、変数 a の値がどうなるか考えてみましょう。

```
int a;          ←a という整数型の記憶領域が確保される
a = 3;          ←a の値が 3 になる
a = a + 2 * 3;  ←a が 3 なので、3+2×3 の計算結果 9 が a に代入される
```

乗算の 2×3 が先に計算されることに注意してください。

例 3 次のプログラムの場合、変数 a の値がどうなるか考えてみましょう。

```
int a;            ←a という整数型の記憶領域が確保される
a = 3;            ←a の値が 3 になる
a = (a + 2) * 3;  ←a が 3 なので、(3+2)×3 の計算結果 15 が a に代入される
```

カッコの中の a+2、つまり 3+2 から先に計算されることに注意してください。

例 4 次のプログラムの場合、変数 a と変数 b の値がどうなるか考えてみましょう。

```
int a, b;       ←a、b という二つの整数型の記憶領域が確保される
a = 5;          ←a の値が 5 になる
b = 3;          ←b の値が 3 になる
a = a - b;      ←a が 5、b が 3 なので、5-3 の計算結果 2 が a に代入される
b = a + b;      ←a が 2、b が 3 なので、2+3 の計算結果 5 が b に代入される
```

上から順に 4 回の代入が行われ、最終的に変数 a の値は 2、b の値は 5 になります。

例 5 次のプログラムの場合、変数 a と変数 b の値がどうなるか考えてみましょう。

```
int a;              ←a という整数型の記憶領域が確保される
double b;           ←b という倍精度浮動小数点型の記憶領域が確保される
a = 14 / 4;         ←14/4 の演算結果 3 が a に代入される
b = 14.0 / 4.0;     ←14.0/4.0 の演算結果 3.5 が b に代入される
```

3 行目の 14/4 は整数どうしの演算なので、その結果は切り捨てにより整数化され、変数 a の値は 3 になります。一方、変数 b の値は 3.5 になります。

2.4 関数

Visual C# には多くの関数が用意されています。表 2.3 は、よく使用される数値関数です。Visual C# はオブジェクト指向言語で、実際には**関数**といわずに**メソッド**というのですが、あまり深く考えないでください。

表 2.3 おもな数値関数

関数機能	関数名（メソッド名）	使用例	→	実行結果
四捨五入	Math.Round(x)	Math.Round(5.4)	→	5
		Math.Round(5.5)	→	6
絶対値	Math.Abs(x)	Math.Abs(-5.6)	→	5.6
		Math.Abs(5.6)	→	5.6
正弦（サイン）	Math.Sin(x)	Math.Sin(3.14159/2)	→	0.99999999
余弦（コサイン）	Math.Cos(x)	Math.Cos(3.14159/3)	→	0.50000076
正接（タンジェント）	Math.Tan(x)	Math.Tan(3.14159/4)	→	0.99999867
指数関数	Math.Exp(x)	Math.Exp(1)	→	2.71828182
自然対数	Math.Log(x)	Math.Log(10)	→	2.30258509
べき乗	Math.Pow(x, y)	Math.Pow(3, 2)	→	9
平方根（ルート）	Math.Sqrt(x)	Math.Sqrt(4)	→	2

注：べき乗の Math.Pow(x.y) は x^y を意味します。

この表における x や y を**引数**といい、リテラル（定数）、変数、式を指定できます。計算結果にも型があります。表 2.3 の場合、Math.Round の結果のみ整数型で、それ以外の結果は倍精度浮動小数点型になります。

例 1 変数 a に $\sqrt{2}$ の値を代入する場合、次のように書きます。

```
double a;              ← a という倍精度浮動小数点型の変数の宣言
a = Math.Sqrt(2);      ← Math.Sqrt(2)、すなわち√2 の値が a に代入される
```

例 2 次のプログラムを実行すると、変数 b の値がどうなるか考えてみましょう。

```
double a;              ← a という倍精度浮動小数点型の変数の宣言
int b;                 ← b という整数型の変数の宣言
a = 5.6;               ← a に 5.6 が代入される
b = Math.Round(a);     ← a が 5.6 なので、四捨五入した結果の 6 が b に代入される
```

例 3 変数 a に sin 45°の値を代入する場合、次のように書きます。

```
double a;                           ← a という倍精度浮動小数点型の変数の宣言
a = Math.Sin(45/180 * Math.PI);     ← 45°をラジアンに変換して sin を求め、a に代入
```

> **Point**
> 三角関数の引数として指定する角度の単位はラジアンです。そのため、角度が度（°）で与えられた場合、ラジアンに変換する必要があります。角度をラジアンに変換するには、180°が π[rad] なので、180 で割って π を掛けます。π は 3.14159 と値を入力してもよいのですが、Math.PI と書くことで、3.14159265358979323846 という精度の高い円周率の値を使って計算してくれます。

2.5 コメント

プログラムに付ける説明のことを**コメント**といいます。/* と */ で囲むと、その部分がコメントになります。また、スラッシュを 2 個 // 記述すると、その行のそれ以降がコメントになります。プログラムを作る際には、何のための処理なのかを誰が見てもわかるように、コメントを必ず書くようにしましょう。

例 1 次のように、コードの横にコメントを付けると、その行でどんな処理をしているのかがわかりやすくなります。

```
a = a / 180 * Math.PI;      // 角度の単位をラジアンに変換
```

この例では、角度の単位をラジアンに変換する処理であることがよくわかります。

例 2 複数行にわたるコメントは、/* と */ で囲みます。

```
/*
藤本邦昭
2018 年 1 月作成
/*
```

2.6 データ型の変換

1 章の例題では、Convert.ToInt32 を用いて、文字列から符号付き 32 ビット整数型に変換しました。また、Convert.ToString を用いて、数値から文字列に変換しました。表 2.4 に、よく利用される型変換の関数（メソッド）をまとめておきます。

2.6 データ型の変換

表 2.4 型変換の関数

機　　能	関数名（メソッド名）
文字列　→　符号付き 32 ビット整数型	`Convert.ToInt32(x)`
文字列　→　符号付き 64 ビット整数型	`Convert.ToInt64(x)`
文字列　→　倍精度浮動小数点型	`Convert.ToDouble(x)`
数値（浮動小数点型、整数型）　→　文字列	`Convert.ToString(x)`

　以降の例や例題では、TextBox（テキストボックス）コントロールを使用します。TextBox とは、文字列の入力や表示を行うための部品です。配置方法は、1 章で学んだ Button や Label と同様で、ツールボックスで TextBox コントロールを選び、フォーム上のオブジェクトを配置したい箇所をクリックするだけです。また、TextBox に入力されている文字は、Label と同様、「TextBox 名 .Text」で参照できます。

例 1　符号付き 32 ビット整数型の変数 a を宣言し、a に textBox1 に入力されている値を代入します。

```
int a;
a = Convert.ToInt32(textBox1.Text);
```

この記述は、次のように 1 行で書くこともできます。

```
int a = Convert.ToInt32(textBox1.Text);
```

例 2　倍精度浮動小数点型の変数 b を宣言し、b に textBox2 に入力されている値を代入します。

```
double b;
b = Convert.ToDouble(textBox2.Text);
```

この記述は、次のように 1 行で書くこともできます。

```
double b = Convert.ToDouble(textBox2.Text);
```

例 3　符号付き 32 ビット整数型の変数 c の値を label1 に表示します。

```
int c = 3;
label1.Text = Convert.ToString(c);
```

例 4 倍精度浮動小数点型の変数 d の値を label2 に表示します。

```
double d = 3.14;
label2.Text = Convert.ToString(d);
```

例題 2.1

図 2.1 のように、二つの数を入力して［計算］というボタンを押すと、それらの和、差、積、商の値を表示するプログラムを作ってみましょう。

図 2.1

【解答】まず、フォームの見た目を図 2.1 のようにするために、フォーム上に textBox1 ～ textBox6 を配置します。また、button1 と label1 ～ label4 を配置し、これらおよび form1 の Text プロパティをそれぞれ、「計算」、「和」～「商」、「四則演算」に変更します。さらに、各オブジェクトの配置場所や大きさなどを調整します。そして、オブジェクトの配置や設定が済んだら、button1 をダブルクリックして、コードウィンドウを表示させ、以下のプログラムを入力します。

```
private void button1_Click(object sender, EventArgs e)
{
    double a, b, wa, sa, seki, syou;            // 変数を宣言
    a = Convert.ToDouble(textBox1.Text);        //textBox1 の値を a に代入
    b = Convert.ToDouble(textBox2.Text);        //textBox2 の値を b に代入
    wa = a + b;                                 //a ＋ b の計算結果を wa に代入
    sa = a - b;                                 //a － b の計算結果を sa に代入
    seki = a * b;                               //a × b の計算結果を seki に代入
    syou = a / b;                               //a ÷ b の計算結果を syou に代入
    textBox3.Text = Convert.ToString(wa);       //wa の値を textBox3 に表示
    textBox4.Text = Convert.ToString(sa);       //sa の値を textBox4 に表示
    textBox5.Text = Convert.ToString(seki);     //seki の値を textBox5 に表示
    textBox6.Text = Convert.ToString(syou);     //syou の値を textBox6 に表示
}
```

このプログラムでは、まず、textBox1 と textBox2 に入力された値を倍精度浮動小数点型に変換して変数 a、b に読み込んでいます。そして、計算結果の wa、sa、seki、syou を文字列に変換して textBox3 〜 textBox6 に表示しています。

例題 2.2

図 2.2 のように、角度 θ に値を入力して [計算] というボタンを押すと、$\sin\theta$ と $\cos\theta$ の値を表示するプログラムを作ってみましょう。なお、入力する角度の単位は度とします。

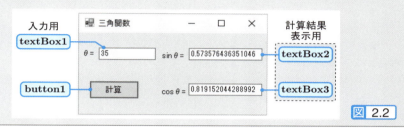

図 2.2

【解答】例題 2.1 と同様に、オブジェクトを配置し、プロパティを設定をします。Label の Text プロパティ中に θ （シータ）という文字を使用していますが、これは、入力モードを漢字モードにして「しーた」と入力して変換することで入力できます。その後、button1 をダブルクリックして、コードウィンドウを表示させ、以下のプログラムを入力します。

```
private void button1_Click(object sender, EventArgs e)
{
    double a, s, c;                             // 変数を宣言
    a = Convert.ToDouble(textBox1.Text);        //textBox1 の値を a に代入
    a = a / 180 * Math.PI;                      // 角度の単位をラジアンに変換
    s = Math.Sin(a);                            //sin(a) を計算し s に代入
    c = Math.Cos(a);                            //cos(a) を計算し c に代入
    textBox2.Text = Convert.ToString(s);        //s の値を textBox2 に表示
    textBox3.Text = Convert.ToString(c);        //c の値を textBox3 に表示
}
```

図 2.2 のように、画面に表示される label には角度として θ を入力していますが、プログラムコード内では混乱がなければ、a など記述が楽な記号を用いても問題はありません。

例題 2.3

図 2.3 のように、2 次方程式の係数を入力して[計算]というボタンを押すと、その 2 次方程式を解くプログラムを作ってみましょう。

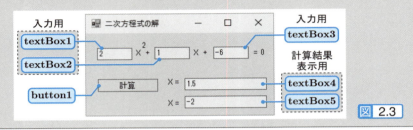

図 2.3

【解答】例題 2.1 や例題 2.2 と同様に、オブジェクトを配置し、プロパティを設定をします。「X^2」の部分は 2 個の Label を使用します。「X」と表示した Label の右上に、Font プロパティの Size プロパティで文字の大きさを調整した「2」が表示される Label を配置します。その後、button1 をダブルクリックして、コードウィンドウを表示させ、以下のプログラムを入力します。

```
private void button1_Click(object sender, EventArgs e)
{
    double a, b, c, x1, x2;                     // 変数を宣言
    a = Convert.ToDouble(textBox1.Text);        //textBox1 の値を a に代入
    b = Convert.ToDouble(textBox2.Text);        //textBox2 の値を b に代入
    c = Convert.ToDouble(textBox3.Text);        //textBox3 の値を c に代入
    x1 = (-b + Math.Sqrt(b * b - 4 * a * c)) / (2 * a);   //1 個目の解を計算
    x2 = (-b - Math.Sqrt(b * b - 4 * a * c)) / (2 * a);   //2 個目の解を計算
    textBox4.Text = Convert.ToString(x1);       //x1 を文字列に変換し textBox4 に表示
    textBox5.Text = Convert.ToString(x2);       //x2 を文字列に変換し textBox5 に表示
}
```

Point

- 2 次方程式 $ax^2 + bx + c = 0$ の解の公式は $x = \dfrac{-b \pm \sqrt{b^2 - 4ac}}{2a}$ です。
- Math.Sqrt という関数は平方根（ルート）を求める関数です（表 2.3）。
- このプログラムでは解が複素数のときは解を求めることができません。解が複素数のときも解を求められるプログラムは、練習問題 3 の 3 で考えます。
- x^2 の係数 a が 0 のときも計算できません。

練習問題2

1 三角形の底辺と高さを入力して[計算]というボタンを押すと、面積を計算し表示するプログラムを作ってください（作成例：問図 2.1）。

問図 2.1

2 台形の上底、下底、高さを入力して[計算]というボタンを押すと、面積を計算し表示するプログラムを作ってください（作成例：問図 2.2）。

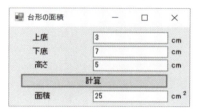

問図 2.2

3 半径 r を入力して[計算]というボタンを押すと、以下の公式に従って、球の表面積と球の体積を計算し表示するプログラムを作ってください（作成例：問図 2.3）。

球の表面積の公式：$S = 4\pi r^2$

球の体積の公式：$V = \dfrac{4\pi r^3}{3}$

問図 2.3

Chapter 3 選択処理

2章のプログラムのように、上から下へと順番に行われる処理を、**順次処理**または**逐次処理**といいました。しかし、複雑なプログラムは、順次処理だけでは作ることができません。本章では、条件により実行する処理を選択する**選択処理**について学びます。

3.1 if 文による分岐 1 (条件により実行する処理を選択)

条件式が成立するときは処理1を実行させ、成立しないときは処理2を実行させたい場合には、if 文を用います。この場合の、if 文の書式とそのフローチャートを以下に示します。フローチャートは、流れ図ともいい、プログラムの処理の流れを図に表したものです。図 3.1 のように、フローチャートでは、条件分岐を「ひし形」で表し、一般的な処理を「長方形」で表します。

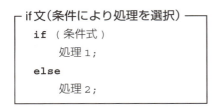
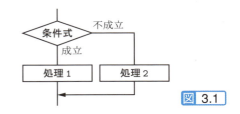

図 3.1

Visual C# では、複数の処理を { } で括ると、ひとかたまりの処理とみなされます。このようにひとかたまりにした文を、**複文**または**ブロック**といいます。処理1および処理2の部分に複数の処理を書きたい場合は、複文を用います。

条件式には、表 3.1 のようなデータの大小を比較する**関係演算子**を使用することができます。

表 3.1 関係演算子

関係演算子	意味
==	等しい
!=	等しくない
<=	以下
<	小さい
>=	以上
>	大きい

3.1 if文による分岐1（条件により実行する処理を選択）

例 1 aの値が10以上のときはaから10を引き、そうでないときはaに5を加える場合のプログラムは以下のようになり、そのフローチャートは図3.2のようになります。

```
if (a >= 10)
    a = a - 10;
else
    a = a + 5;
```

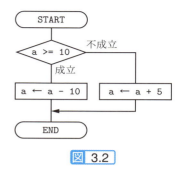

図 3.2

Point

図3.2のように、フローチャートにおいて、START、ENDと書かれている長丸を、端子記号といいます。フローチャートは、STARTの端子記号で始まり、ENDの端子記号で終了します。

例 2 次のプログラムを実行すると、変数aの値がどうなるか考えてみましょう。

```
int a = 5;           //aに5が代入される
if (a >= 10)         //aが5なので、5>=10は成立しない
    a = a - 10;      // 条件が成立しなかったので実行されない
else                 // 条件が成立しなかったので下の処理が実行される
    a = a + 5;       //aが5なので、5+5の結果10がaに代入される
```

表3.2のような**条件演算子**を使って複雑な条件を作成することもできます。

表3.2 条件演算子

条件演算子	意　味	
!	否定	条件が不成立のとき
&&	かつ	両方の条件が成立したとき
||	または	どちらかの条件が成立したとき

例 3 aの値が0以上かつ100以下のときtextBox1に「OK」と表示し、そうでないときは「データが不正です」と表示させる場合、次のように書きます。

```
if (0 =< a && a <= 100)
    textBox1.Text = "OK";
else
    textBox1.Text = "データが不正です";
```

例題 3.1

図 3.3 のように、点数を入力して[判定]というボタンを押すと、60 点以上のときは「合格」と表示し、そうでないときは「不合格」と表示するプログラムを作ってみましょう。

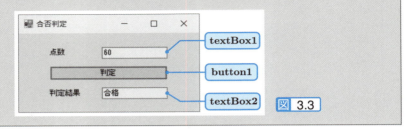

図 3.3

【解答】このプログラムのフローチャートは図 3.4 のようになります。

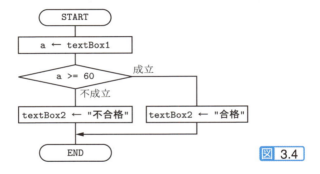

図 3.4

button1 をダブルクリックして、コードウィンドウを表示させ、以下のプログラムを入力します。

```
private void button1_Click(object sender, EventArgs e)
{
    int a;                                    // 点数を記憶するための整数型の変数を宣言
    a = Convert.ToInt32(textBox1.Text);       //textBox1 の値を整数型に変換し、a に代入
    if (a >= 60)                              //a>=60 が成立するとき
        textBox2.Text = " 合格 ";                  //textBox2 に「合格」と表示
    else                                      // 条件が成立しないとき
        textBox2.Text = " 不合格 ";                //textBox2 に「不合格」と表示
}
```

3.2 if 文による分岐2（条件成立時のみ処理を実行）

条件式が成立したときのみ処理を実行し、成立しないときは何も実行させたくない場合の if 文の書式を以下に示し、フローチャートを図 3.5 に示します。

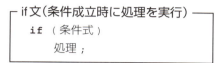

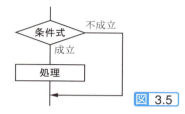

図 3.5

処理の部分に複数の処理を書きたい場合は、複文を用います。

例 1　a の値が 10 以上のとき a から 10 を引き、そうでないときは何もしない場合のプログラムは次のようになり、そのフローチャートは図 3.6 のようになります。

```
if (a >= 10)
    a = a - 10;
```

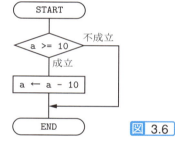

図 3.6

以下の例や例題 3.2 では、+ 演算子を、二つの文字列をつないで一つの文字列を作る連結演算子として使用します。+ 演算子は、数値に対しては加算を行う演算子としてはたらきますが、両方あるいは片方が文字列の場合、連結演算子としてはたらきます。片方が数値の場合は、その数値を文字列に変換して連結します。

例 2　文字列どうしを連結する例です。次のプログラムを実行すると、a の値は " 棚からぼた餅 " という文字列になります。

```
string a = "棚から", b= "ぼた餅";
a = a + b;
```

例 3　文字列と数値を連結する例です。次のプログラムを実行すると、a の値は "data1" という文字列になります。

```
string a = "data";
int b = 1;
a = a + b;
```

例題 3.2

図3.7のように、数を入力してボタンを押すと、平方根の値を出力するプログラムを作成してみましょう。

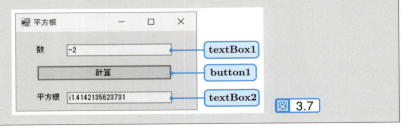

図 3.7

【解答】このプログラムのフローチャートは図3.8のようになります。

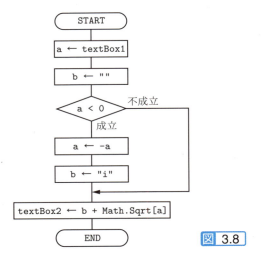

図 3.8

textBox1をダブルクリックして、コードウィンドウを表示させ、以下のプログラムを入力します。

```
private void button1_Click(object sender, EventArgs e)
{
    double a = Convert.ToDouble(textBox1.Text);   //textBox1の値を変数aに代入
    string b = "";                                 //bを空白にする
```

```
        if (a < 0)                              //a<0 が成立するとき
        {
            a = -a;                             //aの符号を反転する
            b = "i";                            //bに虚数単位を表す文字列"i"を代入
        }
        textBox2.Text = b +Math.Sqrt(a);        // 文字列bとaの平方根の値を連結して表示
}
```

3.3　if 文による分岐3（三つ以上の処理からの選択）

　条件式1が成立すれば処理1を実行し、成立しないときは条件式2の成立を調べ、成立するときは処理2を、成立しないときは処理3を実行させたい場合のif文の書式を次に示し、フローチャートを図3.9に示します。

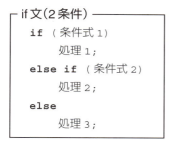
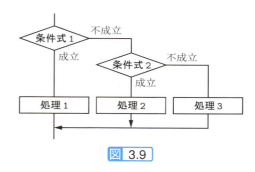

図 3.9

　3条件以上のさらに複雑な分岐も、以下のように、if文を用いて記述することができます（図3.10）。

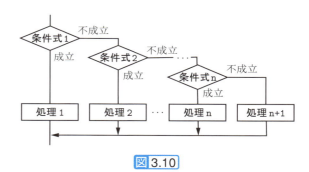

図 3.10

例 **1**　aの値が80以上ならbに3を、aが80未満で60以上ならbに2を、aが60未満ならbに1を代入するプログラムは次のようになり、そのフローチャートは図3.11のようになります。

```
if (a >= 80)
    b = 3;
else if (a >= 60)
    b = 2;
else
    b = 1;
```

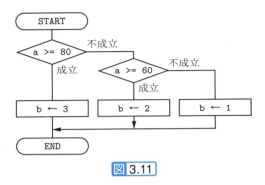

図 3.11

例題 3.3

図3.12のように、点数を入力して[評価]というボタンを押すと、80点以上なら「A」、80点未満で70点以上なら「B」、70点未満なら「C」と表示するプログラムを作ってみましょう。

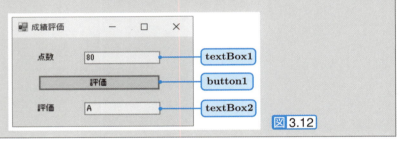

図 3.12

【解答】このプログラムのフローチャートは図3.13のようになります。

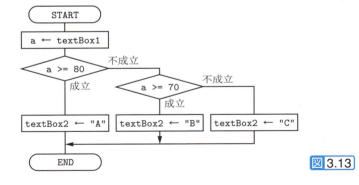

図 3.13

3.3 if 文による分岐 3（三つ以上の処理からの選択）　45

button1 をダブルクリックして、コードウィンドウを表示させ、以下のプログラムを入力します。

```
private void button1_Click(object sender, EventArgs e)
{
    int a = Convert.ToInt32(textBox1.Text);   //textBox1 の値を変数 a に代入
    if (a >= 80)                              //a が 80 以上のとき
        textBox2.Text = "A";                  //textBox2 に「A」と表示
    else if (a >= 70)                         //a が 70 以上のとき
        textBox2.Text = "B";                  //textBox2 に「B」と表示
    else                                      // 条件が成立しなかったとき
        textBox2.Text = "C";                  //textBox2 に「C」と表示
}
```

例題 3.4

図 3.14 のように、点数を入力して[評価]というボタンを押すと、80 点以上なら「A」、80 点未満で 70 点以上なら「B」、70 点未満で 60 点以上なら「C」、60 点未満なら「D」と表示するプログラムを作ってみましょう。

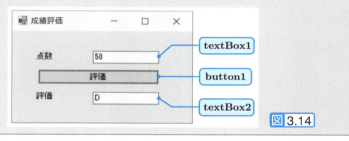

図 3.14

【解答】このプログラムのフローチャートは図 3.15 のようになります。

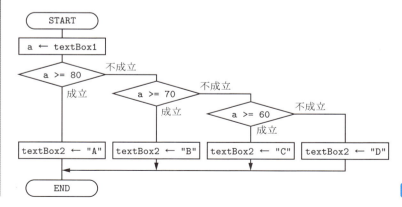

図 3.15

button1 をダブルクリックして、コードウィンドウを表示させ、以下のプログラムを入力します。

```
private void button1_Click(object sender, EventArgs e)
{
    int a = Convert.ToInt32(textBox1.Text);   //textBox1 の値を変数 a に代入
    if (a >= 80)                              //a が 80 以上のとき
        textBox2.Text = "A";                  //textBox2 に「A」と表示
    else if (a >= 70)                         //a が 70 以上のとき
        textBox2.Text = "B";                  //textBox2 に「B」と表示
    else if (a >= 60)                         //a が 60 以上のとき
        textBox2.Text = "C";                  //textBox2 に「C」と表示
    else                                      //条件が成立しなかったとき
        textBox2.Text = "D";                  //textBox2 に「D」と表示
}
```

3.4　switch case 文による分岐

変数の値により実行する処理を分ける場合に switch case 文を使うこともできます。switch case 文の書式を以下に示し、フローチャートを図 3.16 に示します。

```
switch case 文
  switch (変数)
  {
      case 値 1:
          変数が「値 1」のときに実行する処理;
          break;
           ⋮
      case 値 n:
          変数が「値 n」のときに実行する処理;
          break;
       default:
           変数がいずれにも一致しないときに実行する処理;
          break;
  }
```

switch の後ろには、整数型か文字列型の変数を指定でき、この値により、実行する処理を分けることができます。なお、もし default: が記述されていなければ、一致しないときに何もしません。また、一番最後の break; は省略可能です。

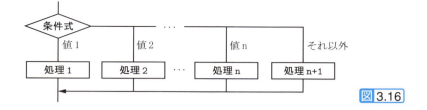

図 3.16

例 1 switch case 文で条件の指定が数値の場合の例を、以下に示します。

```
switch (a)
{
    case 1:
        処理 1;      //a が 1 のときに実行する処理
        break;
    case 2:
        処理 2;      //a が 2 のときに実行する処理
        break;
    case 3:
        処理 3;      //a が 3 のときに実行する処理
        break;
    default:
        処理 4;      //a が 1,2,3 のいずれでもないときに実行する処理
        break;
}
```

例 2 switch case 文で条件の指定が文字列の場合の例を、以下に示します。

```
switch (s)
{
    case "C#":
        処理 1;      //s が "C#" のときに実行する処理
        break;
    case "Java":
        処理 2;      //s が "Java" のときに実行する処理
        break;
    case "Basic":
        処理 3;      //s が "Basic" のときに実行する処理
        break;
    default:
        処理 4;      //s が上のいずれでもないときに実行する処理
        break;
}
```

次の例のように、case を連続して並べる記述も許されています。

例 3　switch case 文で case を連続して並べた場合の例を、以下に示します。

```
switch (s)
{
    case "C#":
    case "c#":
        処理1;      //s が "C#" と "c#" のときに実行する処理
        break;
    case "Java":
    case "java":
        処理2;      //s が "Java" と "java" のときに実行する処理
        break;
    case "Basic":
    case "basic":
        処理3;      //s が "Basic" と "basic" のときに実行する処理
        break;
    default:
        処理4;      //s が上のいずれでもないときに実行する処理
        break;
}
```

例題 3.5

　図 3.17 のように、評価として A、B、C、D のいずれかを入力してボタンを押すと、A なら「80 点以上」、B なら「70 点以上 80 点未満」、C なら「60 点以上 70 点未満」、D なら「60 点未満」、A、B、C、D 以外の文字を入力すると「入力が正しくありません」と表示するプログラムを、switch case 文を用いて作ってみましょう。

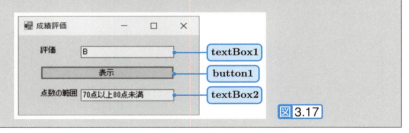

図 3.17

【解答】　button1 をダブルクリックして、コードウィンドウを表示させ、以下のプログラムを入力します。

```
private void button1_Click(object sender, EventArgs e)
{
    string s = textBox1.Text;              //textbox1 の文字列を変数 s に代入
    switch (s)                              // 変数 s による条件分岐
    {
        case "A":                           // 変数 s が A のとき
            textBox2.Text = "80 点以上 ";    //「80 点以上」と表示
            break;
        case "B":                           // 変数 s が B のとき
            textBox2.Text = "70 点以上 80 点未満 ";  //「70 点以上 80 点未満」と表示
            break;
        case "C":                           // 変数 s が C のとき
            textBox2.Text = "60 点以上 70 点未満 ";  //「60 点以上 70 点未満」と表示
            break;
        case "D":                           // 変数 s が D のとき
            textBox2.Text = "60 点未満 ";    //「60 点未満」と表示
            break;
        default:                            // 変数 s が上の条件のいずれでもないとき
            textBox2.Text = " 入力が正しくありません ";  //「入力が正しくありません」と表示
            break;
    }
}
```

3.5 ラジオボタン

　複数のものから一つを選択してもらう場合に、RadioButton（ラジオボタン）を使用します。ラジオボタンとは、次の例題 3.6 の図にある丸い部品で、クリックすることにより複数の選択肢から一つを選択できます。RadioButton を直接フォームに配置してもよいのですが、GroupBox（グループボックス）に配置すると、同一 GroupBox 内で一つ選択させるようにできます。選択すると、RadioButton の Checked というプロパティの値が False から True に変わります。

例題 3.6

　図 3.18 のように、身長を入力して性別を選択してからボタンを押すと、理想体重を計算し表示するプログラムを作ってみましょう。その際、性別を選択していない場合には、理想体重欄に「性別？」と表示させるようにしておきましょう。なお、男性の理想体重は（身長－ 100）× 0.9、女性の理想体重は（身長－ 100）× 0.88 とします。

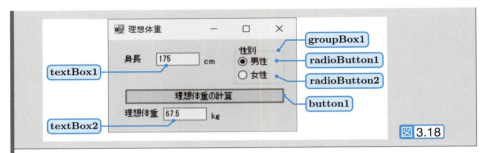

図 3.18

【解答】このプログラムのフローチャートは図 3.19 のようになります。

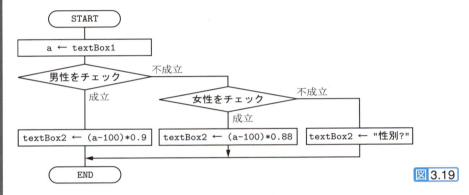

図 3.19

button1 をダブルクリックして、コードウィンドウを表示させ、以下のプログラムを入力します。

```
private void button1_Click(object sender, EventArgs e)
{
    double a,b;                                    //2 個の浮動小数点型の変数 a,b を宣言
    a = Convert.ToDouble(textBox1.Text);           //textBox1 の値を a に代入
    if (radioButton1.Checked == true)              // 「男性」がチェックされているとき
    {
        b = (a - 100) * 0.9;                       // 男性の場合の理想体重を求め b に代入
        textBox2.Text = Convert.ToString(b);       //b の値を textBox2 に表示
    }
    else if (radioButton2.Checked == true)         // 「女性」がチェックされているとき
    {
        b = (a - 100) * 0.88;                      // 女性の場合の理想体重を求め b に代入
        textBox2.Text = Convert.ToString(b);       //b の値を textBox2 に表示
    }
    else                                           // ラジオボタンがチェックされていないとき
        textBox2.Text = " 性別 ?";                  // 「性別 ?」と textBox2 に表示
}
```

3.6 チェックボックス

選択肢の中から複数を選択したい場合には、CheckBox（チェックボックス）を使用します。RadioButton と同様に、選択すると、Checked というプロパティの値が False から True に変わります。

例題 3.7

図 3.20 のように、下のメニューの中から料理を選択すると、料金を計算して表示するプログラムを作ってみましょう。

ライス　100 円　　から揚げ　200 円　　とんかつ　250 円　　焼肉　　230 円
味噌汁　 80 円　　サラダ　　120 円　　ジュース　100 円　　デザート　100 円

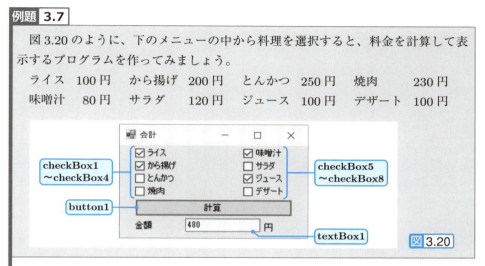

図 3.20

【解答】button1 をダブルクリックして、コードウィンドウを表示させ、以下のプログラムを入力します。

```
private void button1_Click(object sender, EventArgs e)
{
    int a = 0;                       //aに0を代入する
    if (checkBox1.Checked == true)   //checkBox1（ライス）がチェックされているとき
        a = a + 100;                 //100円を加える
    if (checkBox2.Checked == true)   //checkBox2（から揚げ）がチェックされているとき
        a = a + 200;                 //200円を加える
    if (checkBox3.Checked == true)   //checkBox3（とんかつ）がチェックされているとき
        a = a + 250;                 //250円を加える
    if (checkBox4.Checked == true)   //checkBox4（焼肉）がチェックされているとき
        a = a + 230;                 //230円を加える
    if (checkBox5.Checked == true)   //checkBox5（味噌汁）がチェックされているとき
        a = a + 80;                  //80円を加える
    if (checkBox6.Checked == true)   //checkBox6（サラダ）がチェックされているとき
        a = a + 120;                 //120円を加える
    if (checkBox7.Checked == true)   //checkBox7（ジュース）がチェックされているとき
```

```
            a = a + 100;                    //100円を加える
    if (checkBox8.Checked == true)   //checkBox8(デザート)がチェックされているとき
            a = a + 100;                    //100円を加える
    textBox1.Text = Convert.ToString(a);    // 変数aの値をtextBox1に表示
}
```

　上の例題のプログラムのように、変数 a に 100 を加算して元の変数 a に代入する場合は、a=a+100 と書いてもよいのですが、Visual C# では、a+=100 と書くこともできます。このように演算子の後ろに = を付けた**代入演算子**があり、よく利用されます。表 3.3 は代表的な代入演算子です。

表3.3　代入演算子

代入演算子	記述例	意　味
+=	a += 10	a = a + 10
-=	a -= 10	a = a − 10
*=	a *= 10	a = a * 10
/=	a /= 10	a = a / 10

> **Point**
>
> Visual C# では、本章で説明した if 文や switch case 文を使うと、次の行の入力位置が自動的に下げられます。このような機能をオートインデントといいます。プログラムの入力作業中に、字下げがずれた場合には、キーボードの Ctrl ボタンを押した状態でK、Dと順にキーを押すと、字下げが整いプログラムが読みやすくなります。

練習問題 3

1 入力した数が偶数か奇数かを判別し表示するプログラムを作ってください（作成例：問図 3.1）。

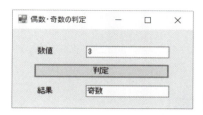

問図 3.1

2 身長と体重を入力してボタンを押すと、理想体重の 1.1 倍より重いときは「太りすぎです」、理想体重の 0.9 倍より軽いときは「痩せすぎです」、いずれでもないときは「ちょうどよい体重です」と表示するプログラムを作ってください（作成例：問図 3.2）。なお、ここでの理想体重は（身長－ 100）× 0.9 とします。

問図 3.2

3 例題 2.3 の 2 次方程式を解くプログラムを修正し、解が複素数のときも求められるようにしてください（作成例：問図 3.3）。

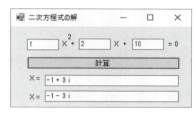

問図 3.3

Chapter 4 繰り返し処理

本章では、決まった回数だけ同じ処理を行わせる場合や、条件が成立している間や成立するまでの間は同じ処理を行わせる場合のプログラムについて学びます。このような処理を**繰り返し処理**または**ループ処理**といいます。

4.1 for 文による繰り返し

一定回数だけ同一の処理を実行したい場合や、変数の値を変化させながら繰り返し同一処理を実行させたい場合には、for 文を用います。for 文の書式を以下に示し、フローチャートを図 4.1 に示します。

```
for 文
    for ( 変数の値を初期化する式 ; 条件式 ; 変数の値を変化させる式 )
        処理;
```

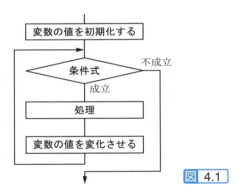

図 4.1

例 1 処理 1 を 100 回繰り返し実行したい場合は、次のように書きます。

```
for (int i = 1; i <= 100; i = i + 1)
    処理1;
```

このプログラムでは、最初に i の値が 1 になり、処理 1 を実行するたびに i の値を 1 増加させており、i が 100 以下の間は繰り返すことで、処理 1 を 100 回繰り返し実行しています。

4.1 for 文による繰り返し

Visual C# では、i=i+1 を i++ と書くことができます。とくに、for 文で繰り返しに使用する変数を変化させる場合に、後者の書き方をよく用います。

例 2　例1をi++の書き方で書くと、次のようになります。

```
for (int i = 1; i <= 100; i++)
    処理1;
```

例 3　次のプログラムを実行すると、変数 a の値がどうなるか考えてみましょう。

```
int a = 0;
for (int i = 1; i <= 4; i++)
    a = a + i;
```

このプログラムは、a を 0 にしたあと、i の値を 1 から 4 まで変化させながら、a=a+i を 4 回実行しています。これは、次のように for 文を使わないで書いた場合と同じです。

```
int a = 0;          // 整数型変数 a を宣言し、その初期値を 0 にする
i = 1;              //i に 1 を代入する
    a = a + i;      //a が 0、i が 1 なので、0+1 の計算結果 1 が a に代入される
i = 2;              //i に 2 を代入する
    a = a + i;      //a が 1、i が 2 なので、1+2 の計算結果 3 が a に代入される
i = 3;              //i に 3 を代入する
    a = a + i;      //a が 3、i が 3 なので、3+3 の計算結果 6 が a に代入される
i = 4;              //i に 4 を代入する
    a = a + i;      //a が 6、i が 4 なので、6+4 の計算結果 10 が a に代入される
```

4 回の繰り返しの後、最終的に変数 a の値は 10 になります。

for 文を用いて変数の値を変化させながら繰り返すような場合、図 4.2 のように、繰り返しの始めと終わりを表す六角形のループ端子記号を用いて、フローチャートを描く場合があります。このような表し方を、ループ端子記号を使った表し方といいま

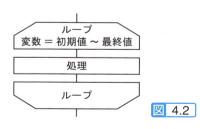

図 4.2

す。なお、ループ（loop）とは日本語で「繰り返し」のことです。

例 4　1 から 10 までの合計を求めるプログラムは次のようになり、そのフローチャートは図 4.3 や図 4.4 のようになります。

```
int s = 0;
for (int i = 1; i <= 10; i++)
    s = s + i;
```

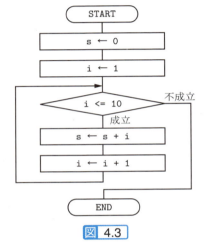

図 4.3

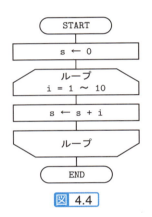

図 4.4

例 5　変数 i を 2 から 100 まで 2 増加させながら処理 1 を繰り返し実行したいときは、次のように書きます。

```
for (int i = 2;  i <= 100; i = i + 2)
    処理 1;
```

このプログラムでは、最初に i の値が 2 になり、処理 1 を実行するたびに i の値を 2 増加させており、i が 100 以下の間は繰り返すことで、処理 1 を 50 回繰り返し実行しています。

例 6　次のプログラムを実行すると、変数 a の値がどうなるか考えてみましょう。

```
int a = 0;
for (int i = 2; i <= 8; i = i + 2)
    a = a + i;
```

このプログラムは、i を 2 から 8 まで 2 増加させながら、a=a+i を 4 回実行しています。これは、次のように for 文を使わないで書いた場合と同じです。

```
int a = 0;          //a に 0 を代入する
i = 2;              //i に 2 を代入する
    a = a + i;      //a が 0、i が 2 なので、0+2 の計算結果 2 が a に代入される
i = 4;              //i に 4 を代入する
    a = a + i;      //a が 2、i が 4 なので、2+4 の計算結果 6 が a に代入される
i = 6;              //i に 6 を代入する
    a = a + i;      //a が 6、i が 6 なので、6+6 の計算結果 12 が a に代入される
i = 8;              //i に 8 を代入する
    a = a + i;      //a が 12、i が 8 なので、12+8 の計算結果 20 が a に代入される
```

4 回の繰り返しの後、最終的に変数 a の値は 20 になります。

例 7 2 から 100 までの偶数の合計を求めるプログラムは次のようになり、そのフローチャートは図 4.5 や図 4.6 のようになります。

```
int s = 0;
for (int i = 2; i <= 100; i = i + 2)
    s = s + i;
```

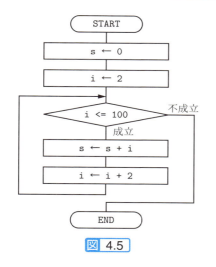

図 4.5

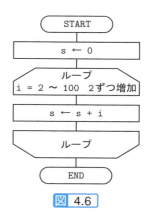

図 4.6

例題 4.1

図 4.7 のように、数を入力して[計算]というボタンを押すと、1 から入力した数までの合計を計算し表示するプログラムを作ってみましょう。

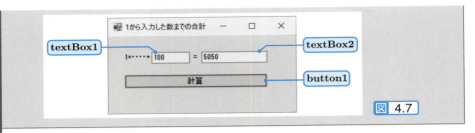

図 4.7

【解答】このプログラムのフローチャートは図 4.8 や図 4.9 のようになります。

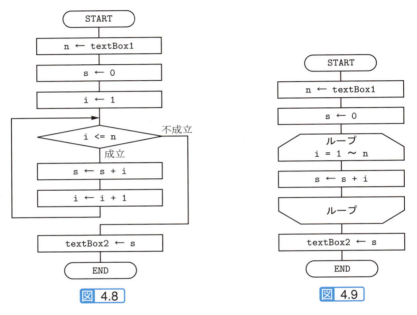

button1 をダブルクリックして、コードウィンドウを表示させ、以下のプログラムを入力します。

```
private void button1_Click(object sender, EventArgs e)
{
    int n = Convert.ToInt32(textBox1.Text); //textBox1の値を変数nに代入
    int s = 0;                              // 合計を記憶する変数sを0にする
    for (int i = 1; i <= n; i++) // 変数iを1からnまで1ずつ増加させながら繰り返す
        s = s + i;                          //sにiを加算した結果をsに代入
    textBox2.Text = Convert.ToString(s);   // 変数sの値をtextBox2に表示
}
```

例題 4.2

図 4.10 のように、数を入力してボタンを押すと、1 から入力した数までの奇数の合計を計算し出力するプログラムを作ってみましょう。

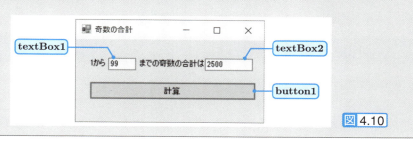

図 4.10

【解答】 このプログラムのフローチャートは図 4.11 や図 4.12 のようになります。

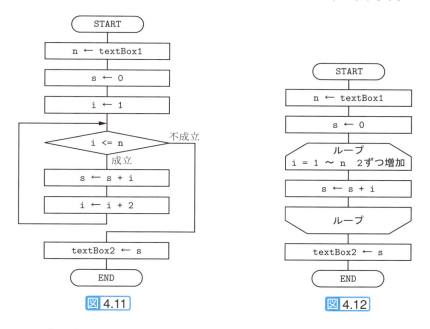

図 4.11　　図 4.12

button1 をダブルクリックして、コードウィンドウを表示させ、以下のプログラムを入力します。

```
private void button1_Click(object sender, EventArgs e)
{
    int n = Convert.ToInt32(textBox1.Text); //textBox1の値を変数nに代入
    int s = 0;                              // 合計を記憶する変数sを0にする
    for (int i = 1; i <= n; i = i + 2)      //iを1からnまで2ずつ増加させ繰り返す
```

```
        s = s + i;                              //s に i を加算した結果を s に代入
    textBox2.Text = Convert.ToString(s);        // 変数 s の値を textBox2 に表示
}
```

4.2　while 文による繰り返し

（1）while 文による繰り返し（前判定の繰り返し）

　条件式が成立している間、同一の処理を繰り返し実行させたい場合には、while 文を用います。while 文の書式とフローチャートを以下に示します。図 4.13 が条件判断記号を使った表し方で、図 4.14 がループ端子記号を使った表し方です。for 文と同様に、while 文では、繰り返し条件の判定を処理の実行前に行います。このように繰り返し条件の判定を処理の実行前に行う繰り返しのことを、**前判定の繰り返し**といいます。

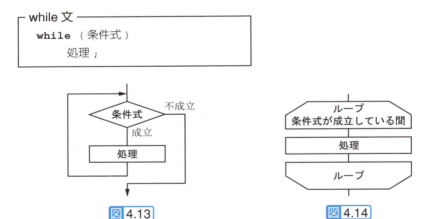

例 1　次のプログラムを実行すると、変数 a の値がどうなるか考えてみましょう。

```
int a = 1;
while (a <= 10)
    a = a + a;
```

① a が 1 なので、繰り返し条件 a<=10 を満たしています。1 回目の繰り返し処理では a が 1 なので、1 ＋ 1 の計算結果 2 が a に代入されます。

② a が 2 なので、繰り返し条件 a<=10 を満たしています。2 回目の繰り返し処理では a が 2 なので、2 ＋ 2 の計算結果 4 が a に代入されます。

③ a が 4 なので、繰り返し条件 a<=10 を満たしています。3 回目の繰り返し処理では a が 4 なので、4 ＋ 4 の計算結果 8 が a に代入されます。

④ a が 8 なので、繰り返し条件 a<=10 を満たしています。4 回目の繰り返し処理では a が 8 なので、8 ＋ 8 の計算結果 16 が a に代入されます。

⑤ a が 16 なので、繰り返し条件 a<=10 を満たしておらず、繰り返し処理を終了します。

以上、4 回の繰り返しが行われ、a の値は最終的に 16 になります。

例 2 次のプログラムを実行すると、変数 a の値がどうなるか考えてみましょう。

```
int a = 0, i = 1;
while (i <= 4)
{
    a = a + i;
    i = i + 1;
}
```

① i が 1 なので、繰り返し条件 i<=4 を満たしています。1 回目の繰り返し処理で a は 1、i は 2 になります。

② i が 2 なので、繰り返し条件 i<=4 を満たしています。2 回目の繰り返し処理で a は 3、i は 3 になります。

③ i が 3 なので、繰り返し条件 i<=4 を満たしています。3 回目の繰り返し処理で a は 6、i は 4 になります。

④ i が 4 なので、繰り返し条件 i<=4 を満たしています。4 回目の繰り返し処理で a は 10、i は 5 になります。

⑤ i が 5 なので、繰り返し条件 i<=4 を満たしておらず、繰り返し処理を終了します。

以上、4 回の繰り返しが行われ、a の値は最終的に 10 になります。

（２）do-while 文による繰り返し（後判定の繰り返し）

　処理を一度実行したあと、条件式が成立している間、その処理を繰り返し実行させたい場合には、do-while 文を用います。do-while 文の書式とフローチャートを以下に示します。図 4.15 が条件判断記号を使った表し方で、図 4.16 がループ端子記号を使った表し方です。do-while 文では、繰り返し条件の判定を処理の実行後に行います。このように、繰り返し条件の判定を処理の実行後に行う繰り返しのことを、**後判定の繰り返し**といいます。

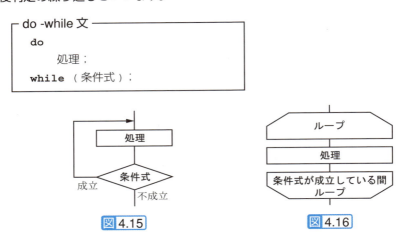

図 4.15　　　　　図 4.16

例題 4.3

　図 4.17 のように、Limit に値を入力してボタンを押すと、その値を超える最小の $n!$（$n! = 1 \times 2 \times \cdots \times n$）の値とそのときの n の値を表示するプログラムを、do-while 文を用いて作ってみましょう。

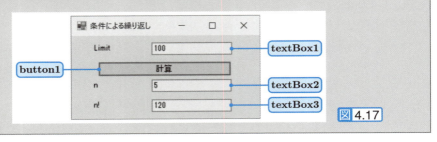

図 4.17

【解答】このプログラムのフローチャートは図 4.18 のようになります。

4.2 while 文による繰り返し

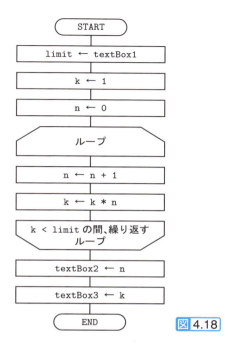

図 4.18

button1 をダブルクリックして、コードウィンドウを表示させ、以下のプログラムを入力します。

```
private void button1_Click(object sender, EventArgs e)
{
    int limit = Convert.ToInt32(textBox1.Text);    //textBox1 の値を limit に代入
    int k = 1, n = 0;                              //変数 k、n を宣言し、その初期値を設定する
    do
    {
        n = n + 1;                                 //n の値を 1 増やす
        k *= n;                                    //k に n を掛けた結果を k に代入
    } while (k < limit);                           //k<limit が成立している間繰り返す
    textBox2.Text = Convert.ToString(n);           //変数 n の値を textBox2 に表示
    textBox3.Text = Convert.ToString(k);           //変数 k の値を textBox3 に表示
}
```

プログラムの網掛け部分は k*=n; となっていますが、k=k*n; と書いた場合と同じです。表 3.3 の代入演算子を使って書いてみると、このようになります。

4.3 多重ループ構造

繰り返し（ループ）の中に繰り返し（ループ）を入れたものを **2 重ループ**といいます。また、2 重ループの中にもう一つループを入れたものを **3 重ループ**といいます。このように、ループの中に入れ子のようにループが入った構造を**多重ループ構造**といいます。for 文による 2 重ループの書式を以下に示します。また、そのフローチャートは図 4.19 や図 4.20 のようになります。

```
for 文による 2 重ループ
    for （変数 1 の値を初期化する式 ； 条件式 1 ； 変数 1 の値を変化させる式）
        for （変数 2 の値を初期化する式 ； 条件式 2 ； 変数 2 の値を変化させる式）
            処理 ；
```

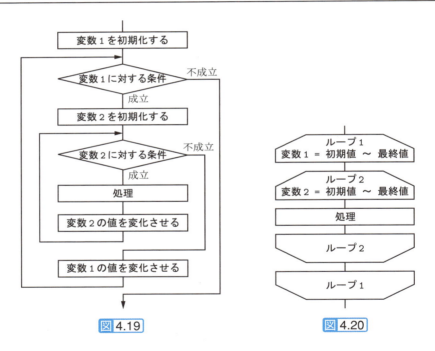

図 4.19　　　　　　　　　図 4.20

例 1　i を 1 から 100 まで変化させ、また、それぞれの i について j を 1 から 100 まで変化させ、処理 1 を実行したい場合、次のように書きます。

```
for (int i = 1; i <= 100; i++)
    for (int j = 1; j <= 100; j++)
        処理 1;
```

この例の場合、処理 1 は 100 × 100 = 10000 回実行されます。

例題 4.4

図 4.21 のように、[計算]というボタンを押すと、掛け算九九の答えの合計 ($1 \times 1 + 1 \times 2 + \cdots + 9 \times 9$) を表示するプログラムを作ってみましょう。

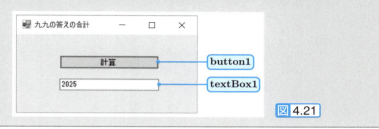

図 4.21

【解答】このプログラムのフローチャートは図 4.22 や図 4.23 のようになります。

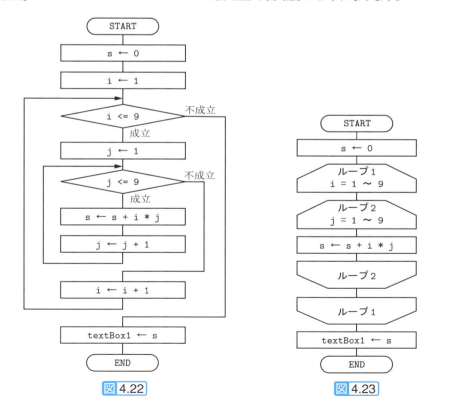

図 4.22　　図 4.23

button1 をダブルクリックして、コードウィンドウを表示させ、以下のプログラムを入力します。

```
private void button1_Click(object sender, EventArgs e)
{
    int s = 0;                          // 合計を求める変数 s を宣言し、その初期値に 0 を代入
    for (int i = 1; i <= 9; i++)        //i を 1 から 9 まで 1 増加させながら繰り返す
        for (int j = 1; j <= 9; j++)    //j を 1 から 9 まで 1 増加させながら繰り返す
            s += i * j;                 //i*j の計算結果を s に加えていく
    textBox1.Text = Convert.ToString(s); //s の値を textBox1 に表示
}
```

練習問題4

1 数 n を入力すると、その数の階乗 $n!(n! = 1 \times 2 \times \cdots \times n)$ を表示するプログラムを作ってください（作成例：問図 4.1）。

問図 4.1

2 連続する三つの整数の積で、入力した Limit の値を超える最小のものを表示するプログラムを作ってください（作成例：問図 4.2）。
［ヒント：n を1ずつ増加させていき、$n \times (n+1) \times (n+2)$ が Limit の値を超えたときの n、$n+1$、$n+2$ の値を表示する。］

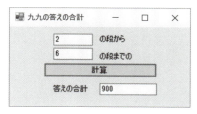

問図 4.2

3 掛算九九の n の段から m 段までの答えの合計を表示するプログラムを作ってください（作成例：問図 4.3）。なお、$n < m$ とします。

問図 4.3

Chapter 5 配列

これまでは、1個の値だけを格納できる単純な変数を用いてデータの処理を行ってきました。しかし、多量のデータを処理する場合やデータの個数がプログラムの実行ごとに変わる場合には、これから学ぶ**配列変数**を用います。

5.1 1次元配列

10個の整数を記憶する領域を確保する場合を考えてみましょう。いままでの単純な変数を使用するならば、以下のように、一つひとつの変数に別々の名前を付けて宣言しなければなりません。

```
int a1, a2 ,a3, a4, a5, a6, a7, a8, a9, a10;
```

この場合、図 5.1 のような 10 個の独立した記憶領域が確保されます。

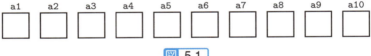

図 5.1

このような単純なやり方で多量の変数を宣言するのは、変数名をつけるのも、それを打ち込むのも非常にたいへんですが、そのようなときのために、1個の変数名のもとに複数個のデータを記憶させることができる**配列**という便利なものがあります。配列の宣言の書式を以下に示します。

配列の宣言
データ型 [ ]　配列変数名 = **new** データ型 [配列要素の数];

---

a という変数名のもとに 10 個の整数を記憶する領域を確保するには、次のように宣言します。

```
int[] a = new int[10];
```

この場合、図 5.2 のような、a[0] から a[9] までの 10 個の連続した記憶領域がまとめて確保されます。

```
       a
┌────┬────┬────┬────┬────┬────┬────┬────┬────┬────┐
│a[0]│a[1]│a[2]│a[3]│a[4]│a[5]│a[6]│a[7]│a[8]│a[9]│
└────┴────┴────┴────┴────┴────┴────┴────┴────┴────┘
```

図 5.2

　記憶場所に付けた、aという名前を**配列変数名**といいます。配列変数内の個々の記憶場所はa[0]、a[1]、…、a[9]で表され、これらを**配列要素**とよびます。配列変数名の後ろのカッコ内の数字は、**添字**または**インデックス**とよばれ、配列内の何番目の要素であるかを表します。添字は0から始まるため、配列要素の数が10の場合はa[0]からa[9]までの10個の配列要素を使用できます。このようにして確保された配列要素は、ふつうの変数と同じように扱うことができます。配列変数を使用しておけば、もし記憶しなければならないデータが10個から100個に増えた場合でも、配列宣言の[10]を[100]に変更するだけで簡単に修正することができます。

例 1　aという配列変数名のもとに100個の整数を記憶する領域を確保する場合、次のように宣言します。

```
int[] a = new int[100];
```

例 2　bという配列変数名のもとに100個の実数（倍精度浮動小数点型）を記憶する領域を確保する場合、次のように宣言します。

```
double[] b = new double[100];
```

例 3　配列要素c[3]に10を代入する場合、次のように書きます。

```
c[3] = 10;
```

例 4　配列の添字に変数を使用した例です。d[5]には10が代入されます。

```
int[] d = new int[10];
int i = 5;
d[i] = 10;
```

例 5　1000 個の整数データを記憶する配列 e を宣言し、そのすべての要素に 5 を代入する場合のプログラムは次のようになります。

```
int[] e = new int[1000];
for (int i = 0, i <= 999, i++)
    e[i] = 5;
```

例 6　1000 個の整数データを記憶する配列 f が宣言されており、配列 f の各要素にはデータがすでに入っているものとします。このとき、配列 f の要素の合計を変数 s に求める場合のプログラムは次のようになります。

```
int s = 0;
for (int i = 0, i <= 999, i++)
    s += f[i];
```

配列の宣言と同時に、その配列に値を設定することもできます。その場合の書式を以下に示します。2 個示していますが、下は簡略化した書き方です。

──配列の宣言（宣言と同時に値を設定）──
データ型 [] 配列変数名 = **new** データ型 [配列要素の数] { 初期化リスト };

──配列の宣言（宣言と同時に値を設定：簡略版）──
データ型 [] 配列変数名 = { 初期化リスト };

例 7　12 個の整数データを記憶する配列 g を宣言すると同時に、値を設定する例です。g[0] から g[11] までの 12 個の整数を記憶する場所が確保されると同時に、g[0] に 31、g[1] に 28、g[2] に 31 と、添字が 0 の配列要素から順番に値が設定されます。

```
int[] g = new int[12] {31, 28, 31, 30, 31, 30, 31, 31, 30, 31, 30, 31};
```

例 8　例 7 を簡略化した書き方で書くと、以下のようになります。

```
int[] g = {31, 28, 31, 30, 31, 30, 31, 31, 30, 31, 30, 31};
```

配列を使用した場合、foreach 文を用いた繰り返しを使うことができます。foreach 文は、配列変数の中から配列要素を 1 個ずつ取り出して、配列要素の個数の回数だけ繰り返しを行います。

```
foreach 文
    foreach ( 変数型 変数名 in 配列変数名 )
        処理 ;
```

例 9　foreach 文を使った繰り返しの例です。このプログラムを実行すると、変数 s の値は配列変数 g の配列要素の値の合計 365 になります。foreach 文を使用すると、配列要素の数が変わっても記述を変更する必要がありません。

```
int s = 0;
int[] g = { 31, 28, 31, 30, 31, 30, 31, 31, 30, 31, 30, 31 };
foreach (int h in g)
    s = s + h;
```

例 10　foreach 文を使って配列要素の最小値を求めるプログラムの例です。このプログラムを実行すると、変数 m の値は配列変数 g の配列要素の中で最小の値である 28 になります。

```
int[] g = { 31, 28, 31, 30, 31, 30, 31, 31, 30, 31, 30, 31 };
int m = g[0];
foreach (int h in g)
    if (h < m)
        m = h;
```

配列変数の要素の数は、Length というプロパティにより知ることができます。たとえば、配列 g の要素数は、g.Length で求められます。これを用いると、例 9 のようなプログラムを、foreach 文を使用せずに for 文を用いて書くことができます。

例 11　例 9 の配列要素の合計を求めるプログラムを、foreach 文を使わないで書いた場合です。

```
int s = 0;
int[] g = { 31, 28, 31, 30, 31, 30, 31, 31, 30, 31, 30, 31 };
for (int i = 0; i < g.Length; i++)
    s = s + g[i];
```

次の例題においてキャスト演算子を使用するので、簡単に説明します。**キャスト演算子**とは、データ型の変換を行う演算子です。次の書式のように、変換後のデータ型名を（ ）に入れて変数名や値の前に付けることで、データ型を変換できます。

```
┌─ キャスト演算子の使い方 ─────────────
     ( 新しいデータ型 ) 変数名または値
```

キャスト演算子により、整数型や浮動小数点型などの数値間での型変換ができます。ただし、整数型や浮動小数点型を文字列型へ、また、文字列型を整数型や浮動小数点型へ変換することはできません。この場合は、先に説明した、`Convert.ToString`や`Convert.ToInt32`などデータ型変換の関数を使用してください。

例 12 次のプログラムを実行すると、変数bと変数cの値がどうなるか考えてみましょう。

```
int a;              // 整数型の変数aを宣言
double b, c;        // 倍精度浮動小数点型の変数b,cを宣言
a = 5;              // 変数aに5が代入される
b = a / 10;         // 右辺がすべて整数型なので、計算結果も整数型で、bは0
c = (double)a / 10; //aが倍精度実数型に変換されたあとに計算されるので、cは0.5
```

例題 5.1

図5.3のように、日本全国の各地域出身の学生数を入力後、[計算]というボタンを押すと、各地域の学生の割合が表示されるプログラムを作ってみましょう。

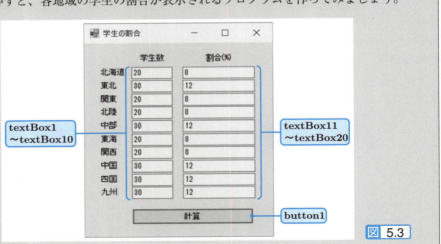

図 5.3

【解答】このプログラムのフローチャートは図 5.4 のようになります。

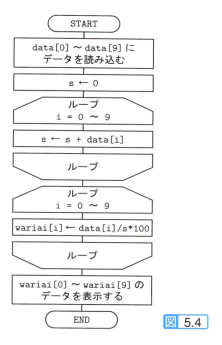

図 5.4

button1 をダブルクリックして、コードウィンドウを表示させ、以下のプログラムを入力します。

```
private void button1_Click(object sender, EventArgs e)
{
    int[] data = new int[10];              // 配列変数の宣言
    double[] wariai = new double[10];
    data[0] = Convert.ToInt32(textBox1.Text);
    data[1] = Convert.ToInt32(textBox2.Text);
    data[2] = Convert.ToInt32(textBox3.Text);
    data[3] = Convert.ToInt32(textBox4.Text);
    data[4] = Convert.ToInt32(textBox5.Text);   // テキストボックス（学生数）
    data[5] = Convert.ToInt32(textBox6.Text);   // の値を配列 data に読み込む
    data[6] = Convert.ToInt32(textBox7.Text);
    data[7] = Convert.ToInt32(textBox8.Text);
    data[8] = Convert.ToInt32(textBox9.Text);
    data[9] = Convert.ToInt32(textBox10.Text);
```

```
    int s = 0;
    for (int i = 0; i <= 9; i++)
        s = s + data[i];
    for (int i = 0; i <= 9; i++)
        wariai[i] = (double)data[i] / s * 100;
    textBox11.Text = Convert.ToString(wariai[0]);
    textBox12.Text = Convert.ToString(wariai[1]);
    textBox13.Text = Convert.ToString(wariai[2]);
    textBox14.Text = Convert.ToString(wariai[3]);
    textBox15.Text = Convert.ToString(wariai[4]);
    textBox16.Text = Convert.ToString(wariai[5]);
    textBox17.Text = Convert.ToString(wariai[6]);
    textBox18.Text = Convert.ToString(wariai[7]);
    textBox19.Text = Convert.ToString(wariai[8]);
    textBox20.Text = Convert.ToString(wariai[9]);
}
```

注釈:
- s に data[0] から data[9] までの合計を求める
- data[i]/s*100 で割合を計算し、配列要素 wariai[i] に代入
- 配列 wariai の値をテキストボックス（割合）に表示

例題 5.2

図 5.5 のように、5 個のデータの最大値を見つけ出すプログラムを作成してみましょう。なお、データは整数とします。

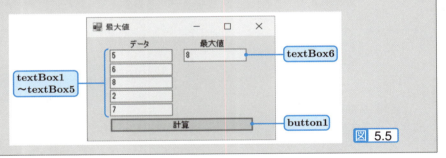

図 5.5

【解答】textBox1 〜 textBox5 の値を配列要素 a[0] 〜 a[4] に読み込み、その後最大値を見つける処理を行います。

このプログラムのフローチャートは図 5.6 のようになります。

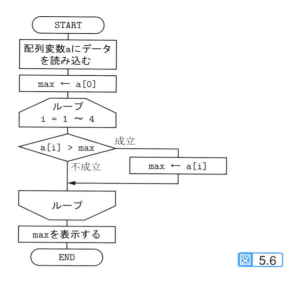

図 5.6

　button1をダブルクリックして、コードウィンドウを表示させ、以下のプログラムを入力します。

```
private void button1_Click(object sender, EventArgs e)
{
    int[] a = new int[5];                        // 配列 a の宣言
    a[0] = Convert.ToInt32(textBox1.Text);
    a[1] = Convert.ToInt32(textBox2.Text);
    a[2] = Convert.ToInt32(textBox3.Text);       テキストボックスの値を
    a[3] = Convert.ToInt32(textBox4.Text);       配列 a に読み込む
    a[4] = Convert.ToInt32(textBox5.Text);
    int max = a[0];                  // 最大値を記憶する変数 max に a[0] の値を代入
    for (int i = 1; i <= 4; i++)     // 変数 i を 1 から 4 まで 1 増加させながら繰り返す
        if (a[i] > max)              //a[i]>max が成立するとき
            max = a[i];              //max に a[i] を代入
    textBox6.Text = Convert.ToString(max);   //max の値を textBox6 に表示
```

　このプログラムは、初期値として a[0] の値を max に代入しておき、次に残りのすべてのデータと max を比較し、もし比較したデータが max よりも大きければ、そのデータを max に代入するという考え方からできています。

例題 5.3

図 5.7 のように、5 個のデータを入力後、[並べ替え]というボタンを押すと、小さい順に並べ替えて表示するプログラムを作成してみましょう。

図 5.7

【解答】textBox1 〜 textBox5 の値を配列要素 a[0] 〜 a[4] に読み込み、並べ替えたあと、textBox6 〜 textBox10 に表示します。

このプログラムのフローチャートは図 5.8 のようになります。ここで、work はデータの並べ替えを実現するためのプログラム内部の変数です。

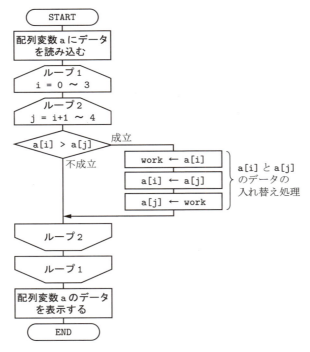

図 5.8

5.1　1次元配列

以下は、並べ替えの様子を示したものです。○がa[i]、□がa[j]を表しています。この2個のデータを比較して、常に○のほうが小さくなるように、○より□が小さいときには入れ替えを行います。

```
                a[0]  a[1]  a[2]  a[3]  a[4]
並べ替え前         3     2     1     5     4

i=0  j=1       (3)   [2]    1     5     4
               (2)   [3]    1     5     4    入れ替え

i=0  j=2       (2)    3    [1]    5     4
               (1)    3    [2]    5     4    入れ替え

i=0  j=3       (1)    3     2    [5]    4
               (1)    3     2    [5]    4    そのまま

i=0  j=4       (1)    3     2     5    [4]
               (1)    3     2     5    [4]   そのまま

i=1  j=2        1    (3)   [2]    5     4
                1    (2)   [3]    5     4    入れ替え

i=1  j=3        1    (2)    3    [5]    4
                1    (2)    3    [5]    4    そのまま

i=1  j=4        1    (2)    3     5    [4]
                1    (2)    3     5    [4]   そのまま

i=2  j=3        1     2    (3)   [5]    4
                1     2    (3)   [5]    4    そのまま

i=2  j=4        1     2    (3)    5    [4]
                1     2    (3)    5    [4]   そのまま

i=3  j=4        1     2     3    (5)   [4]
                1     2     3    (4)   [5]   入れ替え

並べ替え後        1     2     3     4     5
```

先頭のデータとそれ以降のデータを順次比較し、先頭のデータより小さなデータがあれば入れ替える。

2番目のデータとそれ以降のデータを順次比較し、2番目のデータより小さなデータがあれば入れ替える。

3番目のデータとそれ以降のデータを順次比較し、3番目のデータより小さなデータがあれば入れ替える。

4番目のデータと5番目のデータを比較する。

button1をダブルクリックして、コードウィンドウを表示させ、以下のプログラムを入力します。

```
private void button1_Click(object sender, EventArgs e)
{
    int[] a = new int[5];
    a[0] = Convert.ToInt32(textBox1.Text);
    a[1] = Convert.ToInt32(textBox2.Text);
    a[2] = Convert.ToInt32(textBox3.Text);
    a[3] = Convert.ToInt32(textBox4.Text);
    a[4] = Convert.ToInt32(textBox5.Text);
    for (int i = 0; i <= 3; i++)
        for (int j = i + 1; j <= 4; j++)
            if (a[i] > a[j])
            {
                int work = a[i];
                a[i] = a[j];
                a[j] = work;
            }
    textBox6.Text = Convert.ToString(a[0]);
    textBox7.Text = Convert.ToString(a[1]);
    textBox8.Text = Convert.ToString(a[2]);
    textBox9.Text = Convert.ToString(a[3]);
    textBox10.Text = Convert.ToString(a[4]);
}
```

- テキストボックスの値を整数型に変換し、配列 a に読み込む
- 配列 a を小さい順に並べ替える
- a[i] と a[j] のデータの入れ替えを行う
- 配列 a の値を文字列に変換し、テキストボックスに表示する

例題 5.4

図 5.9 のように、データを入力後、[並べ替え]というボタンを押すと、小さい順に並べ替えて表示するプログラムを作成してみましょう。なお、データは何個の場合でも処理できるようにしてください。

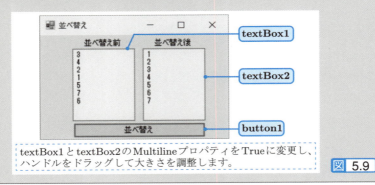

図 5.9

textBox1 と textBox2 の Multiline プロパティを True に変更し、ハンドルをドラッグして大きさを調整します。

【解答】textBox の Multiline プロパティを True にすることで、textBox に複数行の文字列を表示できるようになります。textBox1 に入力した文字列は上から順に、

textBox1.Lines[0]、textBox1.Lines[1]、textBox1.Lines[2]…で参照できます。また、textBox1 に入力されているデータの数は、textBox1.Lines.Length で知ることができます。Multiline プロパティを True にしているテキストボックスに出力する際は、1 個のデータを出力するごとに改行コード "¥r¥n" を用いて改行を行います。なお、PC の環境によっては ¥ は \ と表示されますが、同じ役目で使われます。

button1 をダブルクリックして、コードウィンドウを表示させ、以下のプログラムを入力します。なお、このプログラムでは、プログラムを実行してデータを入力する際、最後のデータを入力後に Enter キーは入力しないでください。

```
private void button1_Click(object sender, EventArgs e)
{
    int n = textBox1.Lines.Length;      // データ個数を変数 n に設定する
    int[] a = new int[n];                // 配列変数 a を宣言（配列要素の数は n 個）
    for (int i = 0; i <= n - 1; i++)
        a[i] = Convert.ToInt32(textBox1.Lines[i]);   // textBox1 のデータを配列 a に読み込む
    for (int i = 0; i <= n - 2; i++)
        for (int j = i + 1; j <= n - 1; j++)
            if (a[i] > a[j])
            {
                int work = a[i];         // a[i] と a[j] のデータの入れ替えを行う
                a[i] = a[j];
                a[j] = work;
            }                             // 配列 a を小さい順に並べ替える
    textBox2.Text = "";
    for (int i = 0; i <= n - 1; i++)
        textBox2.Text += Convert.ToString(a[i]) + "¥r¥n";   // 配列 a のデータを Multiline 指定の textBox2 に出力する
}
```

+ は文字列の連結演算子（二つの文字列を繋ぎ合わせる）

"¥r¥n" 改行コード

例題 5.5

図 5.10 のような 6 人の氏名、国語の点数、数学の点数を入力し、[成績処理]というボタンを押すと、個人の合計点数を計算するプログラムを作成してみましょう。なお、今後のプログラムの機能拡張のために、氏名、国語の点数、数学の点数、合計点数は、それぞれ図 5.11 のような simei、koku、suu、goukei という配列変数に記憶させておいてください。

Chapter 5 配 列

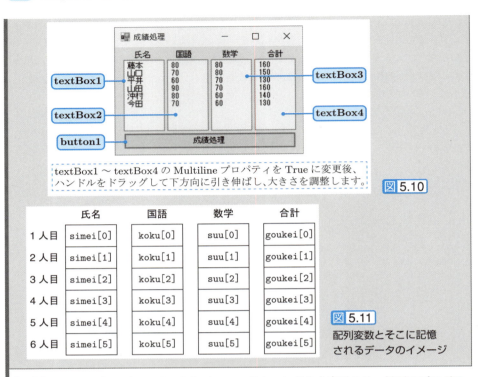

図5.10

図5.11 配列変数とそこに記憶されるデータのイメージ

【解答】button1 をダブルクリックして、コードウィンドウを表示させ、以下のプログラムを入力します。

```
private void button1_Click(object sender, EventArgs e)
{
    string[] simei = new string[6];
    int[] koku = new int[6];
    int[] suu = new int[6];
    int[] goukei = new int[6];
    for (int i = 0; i <= 5; i++)
    {
        simei[i] = textBox1.Lines[i];
        koku[i] = Convert.ToInt32(textBox2.Lines[i]);
        suu[i] = Convert.ToInt32(textBox3.Lines[i]);
    }
    for (int i = 0; i <= 5; i++)
        goukei[i] = koku[i] + suu[i];
    textBox4.Text = "";
    for (int i = 0; i <= 5; i++)
        textBox4.Text += goukei[i] + "\r\n";
}
```

変数宣言

テキストボックスのデータを読み込む

合計点を計算する

合計点を textBox4 に出力

例題 5.6

　図5.12のように、6人分の氏名、国語の点数、数学の点数を入力し、[成績処理]というボタンを押すと、個人の合計点数を計算し、合計点数の高い人に順に並べ替えて表示するプログラムを作成してみましょう（例題5.5のプログラムに、合計点数の高い順に並べ替える機能を付加します）。

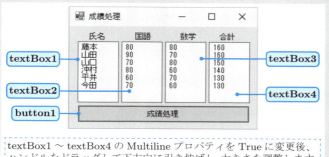

図 5.12

【解答】button1をダブルクリックして、コードウィンドウを表示させ、以下のプログラムを入力します。合計点を計算したあと（破線より以降）が例題5.5との違いがある部分です。

```
private void button1_Click(object sender, EventArgs e)
{
    string[] simei = new string[6];
    int[] koku = new int[6];
    int[] suu = new int[6];
    int[] goukei = new int[6];
    for (int i = 0; i <= 5; i++)
    {
        simei[i] = textBox1.Lines[i];
        koku[i] = Convert.ToInt32(textBox2.Lines[i]);
        suu[i] = Convert.ToInt32(textBox3.Lines[i]);
    }
    for (int i = 0; i <= 5; i++)
        goukei[i] = koku[i] + suu[i];
```

変数宣言

テキストボックスのデータを読み込む

合計点を計算する

```
    for (int i = 0; i <= 4; i++)
        for (int j = i + 1; j <= 5; j++)
            if (goukei[i] < goukei[j])
            {
                string worksimei = simei[i];
                int workkoku = koku[i];
                int worksuu = suu[i];
                int workgoukei = goukei[i];
                simei[i] = simei[j];
                koku[i] = koku[j];
                suu[i] = suu[j];
                goukei[i] = goukei[j];
                simei[j] = worksimei;
                koku[j] = workkoku;
                suu[j] = worksuu;
                goukei[j] = workgoukei;
            }
    textBox1.Text = "";
    textBox2.Text = "";
    textBox3.Text = "";
    textBox4.Text = "";
    for (int i = 0; i <= 5; i++)
    {
        textBox1.Text += simei[i] + "¥r¥n";
        textBox2.Text += koku[i] + "¥r¥n";
        textBox3.Text += suu[i] + "¥r¥n";
        textBox4.Text += goukei[i] + "¥r¥n";
    }
}
```

- 合計点の高い順に並べ替える
- データの入れ替え
- テキストボックス内のテキストを消す
- テキストボックスに結果を表示

5.2 多次元配列

　いままで説明した配列は添字が1個でした。このような配列を **1次元配列** といいます。配列の添字は複数個もたせることができます。2個の添字をもつ配列を **2次元配列** といいます。2次元配列は、成績データのように縦と横の両方の集計を行いたい場合や、数学でおなじみの行列の計算を行う場合などに使用されます。また、3個の添字をもつ配列を **3次元配列** といいます。このように、複数個の添字をもつ配列を **多次元配列** といいます。2次元配列および多次元配列の宣言の書式を、以下に示します。

2次元配列の宣言

　データ型 [,] 配列変数名 = **new** データ型 [配列要素の数 , 配列要素の数];

5.2 多次元配列

多次元配列の宣言

データ型 [,,…,] 配列変数名 = new データ型 [配列要素の数 , 配列要素の数 , …, 配列要素の数];

例 1 次のように宣言すると、a という名前のものに、図5.13のような 3 × 4 = 12個の整数を記憶する領域が確保されます。

```
int[,] a = new int[3, 4] ;
```

a[0,0]	a[0,1]	a[0,2]	a[0,3]
a[1,0]	a[1,1]	a[1,2]	a[1,3]
a[2,0]	a[2,1]	a[2,2]	a[2,3]

図 5.13

例 2 次のように宣言すると、b という名前のものに、8 × 9 × 10 = 720個の整数を記憶する領域が確保されます。

```
int[,,] b = new int[8, 9, 10];
```

例 3 次のように宣言すると、c という名前のものに、10 × 8 × 7 × 10 = 5600個の整数を記憶する領域が確保されます。

```
int[,,,] c = new int[10, 8, 7, 10];
```

例 4 配列要素 d[3,5] に 10 を代入するには、次のように書きます。

```
d[3,5] = 10;
```

例 5 配列の添字に変数を使用した例です。配列要素 e[5,3] に 5 が代入されます。

```
int[,] e = new int[10, 10];
int i = 5;
int j = 3;
e[i, j] = 10;
```

例 6
10 × 10 の 2 次元配列 f を宣言し、そのすべての要素に 5 を代入する場合のプログラムです。

```
int[,] f = new int[10, 10];
for (int i = 0; i <= 9; i++)
    for (int j = 0; j <= 9; j++)
        f[i, j] = 5;
```

例 7
10 × 10 × 10 の 3 次元配列 g を宣言し、そのすべての要素に 100 を代入する場合のプログラムです。

```
int[,,] g = new int[10, 10, 10];
for (int i = 0; i <= 9; i++)
    for (int j = 0; j <= 9; j++)
        for (int k = 0; k <= 9; k++)
            g[i, j, k] = 100;
```

例 8
10 × 10 の 2 次元配列 h を宣言し、h[i, j] 要素に $i \times j$ の計算結果を代入する場合のプログラムです。

```
int[,] h = new int[10, 10];
for (int i = 0; i <= 9; i++)
    for (int j = 0; j <= 9; j++)
        h[i, j] = i * j;
```

例 9
次のように宣言すると、図 5.14 のような 9 個の整数データを記憶する場所が確保されると同時に、各配列要素に値が設定されます。

```
int[,] a = new int [3, 3]{ { 1, 2, 3 }, { 4, 5, 6 }, { 7, 8, 9 } };
```

この記述は、次のように簡略化して書くこともできます。

```
int[,] a = { { 1, 2, 3 }, { 4, 5, 6 }, { 7, 8, 9 } };
```

a[0,0] 1	a[0,1] 2	a[0,2] 3
a[1,0] 4	a[1,1] 5	a[1,2] 6
a[2,0] 7	a[2,1] 8	a[2,2] 9

図 5.14

例題 5.7

図 5.15 のように、例題 5.6 と同じ機能のプログラムを、図 5.16 のように点数データの部分に 2 次元配列を用いて作ってみましょう。

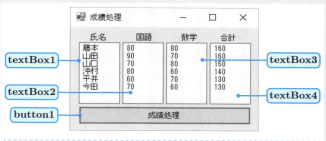

textBox1 ～ textBox4 の Multiline プロパティを True に変更後、ハンドルをドラッグして下方向に引き伸ばし、大きさを調整します。

図 5.15

	氏名	国語	数学	合計
1 人目	simei[0]	data[0、0]	data[0、1]	data[0、2]
2 人目	simei[1]	data[1、0]	data[1、1]	data[1、2]
3 人目	simei[2]	data[2、0]	data[2、1]	data[2、2]
4 人目	simei[3]	data[3、0]	data[3、1]	data[3、2]
5 人目	simei[4]	data[4、0]	data[4、1]	data[4、2]
6 人目	simei[5]	data[5、0]	data[5、1]	data[5、2]

配列変数とそこに記憶されるデータのイメージ

図 5.16

【解答】 button1 をダブルクリックして、コードウィンドウを表示させ、以下のプログラムを入力します。

```
private void button1_Click(object sender, EventArgs e)
{
    string[] simei = new string[6];          配列変数の宣言
    int[,] data = new int[6, 3];
    for (int i = 0; i <= 5; i++)
    {
        simei[i] = textBox1.Lines[i];                              テキストボックスのデータを読み込む
        data[i, 0] = Convert.ToInt32(textBox2.Lines[i]);
        data[i, 1] = Convert.ToInt32(textBox3.Lines[i]);
    }
```

```
    for (int i = 0; i <= 5; i++)                         ⎫ 合計点を計算する
        data[i, 2] = data[i, 0] + data[i, 1];            ⎭
    for (int i = 0; i <= 4; i++)                         ⎫
        for (int j = i + 1; j <= 5; j++)                 ⎪
            if (data[i, 2] < data[j, 2])                 ⎪
            {                                            ⎪
                string worksimei = simei[i];             ⎪
                simei[i] = simei[j];                     ⎪
                simei[j] = worksimei;                    ⎬ 合計点の高い順
                for (int k = 0; k <= 2; k++)    ⎫ データの ⎪ に並べ替える
                {                               ⎪ 入れ替え ⎪
                    int work = data[i, k];      ⎬        ⎪
                    data[i, k] = data[j, k];    ⎪        ⎪
                    data[j, k] = work;          ⎪        ⎪
                }                               ⎭        ⎪
            }                                            ⎭
    textBox1.Text = "";                                  ⎫
    textBox2.Text = "";                                  ⎪ テキストボックスのデータ
    textBox3.Text = "";                                  ⎬ 内のテキストを消す
    textBox4.Text = "";                                  ⎭
    for (int i = 0; i <= 5; i++)                         ⎫
    {                                                    ⎪
        textBox1.Text += simei[i] + "\r\n";              ⎪ テキストボックスに
        textBox2.Text += data[i, 0] + "\r\n";            ⎬ 結果を表示
        textBox3.Text += data[i, 1] + "\r\n";            ⎪
        textBox4.Text += data[i, 2] + "\r\n";            ⎪
    }                                                    ⎭
}
```

練習問題5

1 最小値を見つけ出すプログラムを作ってください（作成例：問図 5.1）。なお、データが何個の場合でも処理できるようにしてください。

問図 5.1

2 例題 5.4 のプログラムに、大きい順に並べ替えて表示する機能（降順）を追加してください（作成例と実行結果：問図 5.2）。

問図 5.2

3 例題 5.7 のプログラムに、科目別と合計の平均点を表示する機能を追加してください（作成例と実行結果：問図 5.3）。

 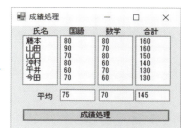

問図 5.3

Chapter 6 メソッド

プログラミング言語には、プログラムコードを登録し、呼び出して利用する機能があります。サブルーチンとよばれることもありますが、Visual C# では**メソッド**とよびます。なお、C や C++ ではこれを関数とよんでいるため、Visual C# でも関数とよぶことがあります。

6.1 メソッドの定義と呼び出し

大きなプログラムなどでは、機能を分割し、機能ごとのメソッドを作成し、メソッドの機能を呼び出す形でプログラムを作成します。こうすることで、プログラムが読みやすくなります。また、同一処理が多いプログラムでは、この部分をまとめることができ、記述量を減らすことができます。メソッドを作成することをメソッド定義、メソッドの機能を呼び出すことをメソッド呼び出しといいます。まず、メソッド定義の書式を以下に示します。

```
┌ メソッド定義 ─────────────────────────
  戻り値の型  メソッド名 ( データ型 仮引数 1, …, データ型 仮引数 n)
  {
      メソッド本体の処理 ;
      return メソッドの戻り値 ;
  }
```

ここで、**戻り値**とはメソッドが処理結果として戻す値で、**仮引数**とはメソッド定義において使用する引数です。

例 1 二つの整数を与えるとその整数の和を戻すメソッドです。

メソッドの戻り値の型 / 仮引数として記述した変数は、メソッド内で宣言せずに使用する

```
int tasu(int a, int b)      //2 個の整数型の値をもらい、整数型の値を戻す
{
    int c;                  // メソッド内部で使用する整数型変数 c を宣言
    c = a + b               //a と b の加算結果を c に代入
    return c;               //c の値を呼び出した側に戻す
}
```
メソッドの戻す値

6.1 メソッドの定義と呼び出し

戻り値には、式を書くこともできます。

例 2 戻り値に式を書くことで、例1のメソッドの記述を簡素にできます。

```
int tasu(int a, int b)      //2個の整数型の値をもらい、整数型の値を返す
{
    return a + b;           //aとbの加算結果を呼び出した側に戻す
}
```

次に、メソッド呼び出しの書式を以下に示します。メソッドを呼び出す際に指定する引数を**実引数**といい、実引数には、仮引数に引き渡すデータまたは変数を指定します。メソッドから戻された値は、変数に代入することで受け取ることができます。

―― メソッド呼び出し ――――――――――――
　変数名 = メソッド名 (実引数1, …, 実引数n) ;

例 3 例1のメソッドを呼び出した場合の動作について考えてみましょう。

```
d = tasu( 5, 7 );

int tasu(int a, int b)
    int c;
    c = a + b;
    return c;
}
```

① 実引数1に5、実引数2に7を設定してtasuメソッドを呼び出す。
② 実引数1から仮引数1に値が引き渡され、aの値が5になる。実引数2から仮引数2に値が引き渡され、bの値が7になる。
③ a+bの計算結果がcに代入され、cの値が12になる。
④ cの値12がメソッドの戻り値になる。
⑤ 戻り値の12がdに代入される。

例 4 二つの整数のうち大きいほうを戻すメソッドです。このように、returnが2個の場合もあります。

```
int max(int a, int b)       //2個の整数型の値をもらい、整数型の値を返す
{
    if (a > b)              //a>bという条件が成立するとき
        return a;           //aの値を呼び出した側に戻す
    else                    // 条件が成立しないとき
        return b;           //bの値を呼び出した側に戻す
}
```

Point

下のメソッドはエラーになります。これは、条件が成立しないときに戻す値がないためです。メソッドの定義の際は、どのような条件であっても値を戻すように記述しなければなりません。

```
int max(int a, int b)      //2 個の整数型の値をもらい、整数型の値を返す
{
    if (a > b)             //a>b という条件が成立するとき
        return a;          //a の値を呼び出した側に戻す
}
```

メソッドの引数や戻り値に配列を使用することもできます。メソッド定義において、仮引数のデータ型の後ろに [] を記述すると、その引数は配列になります。また、戻り値のデータ型の後ろに [] を記述すると、メソッドの戻り値が配列になります。なお、メソッドを呼び出す際の実引数側では、配列名のみで [] は書かないことに注意してください。

例 5 引数が配列の場合のメソッド定義の例です。与えられた配列の要素のうちで最大の値を返すメソッドです。

```
int max(int[] a)              // 与えられた配列の最大値を返すメソッド
{
    int m = a[0];             // 配列の最初の要素を m に代入する
    foreach (int b in a)      // 配列から配列要素を b に取り出して繰り返す
        if (b > m)            //b>m が成立するなら
            m = b;            //b の値を m に代入する
    return m;                 //m の値を呼び出した側に戻す
}
```

例 6 例 5 のメソッドの使用例です。このプログラムが実行されると、変数 c の値が 10 になります。

```
int[] b = { 2, 4, 9, 10, 3, 8, 10, 1, 5, 7, 6 };
int c = max(b);
```

例 7 引数と戻り値の両方が配列の場合の例です。与えられた 2 個の配列の対応する配列要素の値を足し合わせた値を配列の形で返すメソッドです。なお、先にも説明しましたが、配列 a の配列要素の数は、a.Length により知ることができます。

```
int[] tasu(int[] a, int[] b)        //2個の配列の和を返すメソッド
{
    int[] c = new int [a.Length];           // 配列 c を宣言
    for (int i = 0; i < a.Length; i++)      // 配列の要素の数だけ繰り返す
        c[i] = a[i] + b[i];                 // 対応する配列要素を足し合わせる
    return c;                               // 配列 c を呼び出し側に戻す
}
```

例 8 例 7 のメソッドの使用例です。このプログラムが実行されると、配列 c の値が {2, 4, 6, 8, 10, 12, 14, 16, 18, 20} になります。

```
int[] c = new int[] { 1, 2, 3, 4, 5, 6, 7, 8, 9, 10 };
int[] b = new int[] { 1, 2, 3, 4, 5, 6, 7, 8, 9, 10 };
c = tasu(c, b);
```

例題 6.1

1 から入力した数までの合計を計算するメソッドを作り、これを用いて 1 から入力した数までの合計を計算し表示するプログラムを作ってみましょう。

図 6.1

【解答】button1 をダブルクリックして、コードウィンドウを表示させ、以下のプログラムを入力します。入力するのは、破線で囲まれた部分です。1 から入力した数までの合計を計算するメソッドは、button1 をクリックしたときに動作するメソッド button1_Click の外に記述します。

```
int wa(int n)                           //1から引数で指定した値までの合計を計算するメソッド
{
    int s = 0;                          // 合計を記憶する変数 s を 0 にする
    for (int i = 1; i <= n; i++)        // 変数 i を 1 から n まで 1 ずつ増加させながら繰り返す
        s = s + i;                      //s に i を加算した結果を s に代入する
    return s;                           //s の値を呼び出し側に戻す
}

private void button1_Click(object sender, EventArgs e)
```

```
{
    int a = Convert.ToInt32(textBox1.Text);    //textBox1の値を数値に変換し変数aに代入
    int b = wa(a);                              //メソッドを呼び出し、戻り値をbに代入
    textBox2.Text = Convert.ToString(b);        //bの値を文字列に変換しtextBox2に表示
}
```

例題 6.2

配列を昇順に並べ替えるメソッドを作り、これを用いて入力した数値の並べ替えを行うプログラムを作ってみましょう（例題5.4と同じ機能のプログラム）。

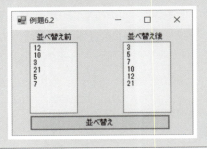

図 6.2

【解答】button1をダブルクリックして、コードウィンドウを表示させ、以下のプログラムを入力します。並べ替えのメソッドは、button1をクリックしたときに動作するメソッド button1_Click の外に記述します。

```
int[] narabekae(int[] a)                    // 入力した配列を並べ替えるメソッド
{
    for (int i = 0; i < a.Length - 1; i++)
        for (int j = i + 1; j < a.Length; j++)
            if (a[i] > a[j])                 //a[i]>a[j] が成立するとき
            {
                int work = a[i];
                a[i] = a[j];                 a[i]とa[j]を入れ替える
                a[j] = work;
            }
    return a;                                // 配列aを戻り値として、呼び出し元に戻る
}

private void button1_Click(object sender, EventArgs e)
{
    int n = textBox1.Lines.Length;           // データ個数を変数nに設定する
    int[] a = new int[n];                    // 配列aを宣言（配列要素の数はn個）
```

配列aの要素を小さい順に並べ替える

```
    for (int i = 0; i <= n - 1; i++)          ⎫ textBox1のデータを
        a[i] = Convert.ToInt32(textBox1.Lines[i]);  ⎬ 配列aに読み込む
    a= narabekae(a);              // メソッドを呼び出し、戻り値をaに代入する
    textBox2.Text = "";
    for (int i = 0; i <= n - 1; i++)          ⎫ 配列aのデータを
        textBox2.Text += Convert.ToString(a[i]) + "\r\n";  ⎬ textBox2に出力する
}
```

6.2 参照渡しのメソッド

　前節のメソッドでは、実引数の値を仮引数に渡し、1個の計算結果を戻り値の形で受け取ります。仮引数の値を変更しても、実引数に影響はありません。このように値をコピーして渡す方式が**値渡し**です。Visual C#では、基本的に値渡しです。一方で、実引数へのアクセスを許可する場合の値の受け渡しの方式が**参照渡し**です。参照渡しでは、仮引数の値を変更すると、実引数の値が変わります。参照渡しのメソッド定義の書式を以下に示します。Visual C#で参照渡しを行いたい場合、メソッド定義時に仮引数の前に ref を付けます。

　また、値を返さないという意味で、メソッド名の前に void を記述します。

┌─ 参照渡しの場合のメソッド定義 ──────────────────────┐
│　**void** メソッド名(**ref** データ型 仮引数1, …, **ref** データ型 仮引数n) │
│　{   │
│　　　メソッド本体の処理を記述   │
│　}   │
└──┘

　参照渡しのメソッドを呼び出す場合の書式を以下に示します。参照渡しの場合、実引数の前にも ref を付ける必要があります。

┌─ メソッドの呼び出し ─────────────────────────────────┐
│　メソッド名(**ref** 実引数1, …, **ref** 実引数n);   │
└──┘

例 1　二つの変数の値を入れ替える irekae というメソッドの動作について考えてみましょう。

```
// 呼び出し側
    int c = 5;                  // 変数cに5を代入する
```

```
    int d = 7;                  // 変数dに7を代入する
    irekae(ref c, ref d);       // 変数cとdを実引数としてirekaeというメソッド呼び出す

void irekae(ref int a, ref int b)   //2個の変数の値を入れ替えるメソッド
{
    int work = a;    // 変数workに変数aの値を代入する
    a = b;           // 変数aに変数bの値を代入する
    b = work;        // 変数bに変数workの値を代入する
}
```

参照渡しの場合、仮引数の値を変更すると、呼び出し側の実引数の値が変更されます。上の例の場合、呼び出されたメソッド内で仮引数の変数aの値を変更すると、呼び出し側の変数cの値が変更されます。また、bの値を変更すると、呼び出し側の変数dの値が変更されます。これにより、このプログラムを実行すると、呼び出し側の変数cの値が7、変数dの値が5になります。

例題 6.3

例題6.2において、配列を昇順に並べ替えるメソッド内の二つの数を入れ替える部分を、例1のirekaeというメソッドを用いる形に修正してみましょう。

【解答】button1をダブルクリックして、コードウィンドウを表示させ、以下のプログラムを入力します。二つの数を入れ替えるメソッドを記述する位置（破線部分）に注意してください。

```
void irekae(ref int a, ref int b)    // 例1のirekaeメソッド
{
    int work = a;
    a = b;
    b = work;
}

int[] narabekae(int[] a)
{
    for (int i = 0; i < a.Length -1; i++)
        for (int j = i + 1; j < a.Length; j++)
            if (a[i] > a[j])
                irekae(ref a[i], ref a[j]);    // メソッドを利用し、入れ替える
    return a;
}
```

6.2 参照渡しのメソッド

```
private void button1_Click(object sender, EventArgs e)
{
    int n = textBox1.Lines.Length;
    int[] a = new int[n];
    for (int i = 0; i <= n - 1; i++)
        a[i] = Convert.ToInt32(textBox1.Lines[i]);
    a = narabekae(a);
    textBox2.Text = "";
    for (int i = 0; i <= n - 1; i++)
        textBox2.Text += Convert.ToString(a[i]) + "\r\n";
}
```

練習問題6

1 階乗を計算するメソッドを作成し、これを利用して、入力した数までの階乗を表示するプログラムを作ってください（作成例：問図 6.1）。

問図 6.1

2 80点以上なら「A」、80点未満で70点以上なら「B」、70点未満で60点以上なら「C」、60点未満なら「D」を返すメソッドを作り、このメソッドを使って、成績の判定をするプログラムを作ってください（作成例：問図 6.2）。
［ヒント：例題 3.4 と同じ機能のプログラムを、メソッドを使って作ります。］

問図 6.2

3 複利計算をするメソッドを作り、このメソッドを使って、元利合計を表示するプログラムを作ってください（作成例：問図 6.3）。
［ヒント：n年後の元利合計は元金に$(1+利率)$をn回乗ずることで求めることができます。］

問図 6.3

Chapter 7 ファイル処理

キーボードから入力したデータや画面に表示された処理結果は、プログラムを終了するとすべて消えてなくなってしまいます。そこで、ここでは入力データや処理結果をハードディスクやUSBメモリなどの外部記憶装置に保存し、再利用する方法について学びます。

7.1 ファイルへの出力

　Visual C#でファイル出力を行う手法は何通りかありますが、ここではそのうちもっとも簡単な、**ストリームライターオブジェクト**を使用する方法について説明します。ファイルへの入出力を行う場合、以下のように、プログラムの先頭部分にusing System.IOという記述を追加します。これにより、ファイルの操作を可能にするさまざまな機能が使用できるようになります。

```
― ファイルアクセス機能（名前空間）の追加 ―
    using System.IO;
```

　次に、出力を行いたいファイルの名前を指定して、ファイル出力を行う部品であるストリームライターオブジェクトを作成します。書式は以下のようになります。ファイル名はダブルクォーテーション（"）で囲んで指定します。

```
― ストリームライターオブジェクトの作成 ―
StreamWriter オブジェクト名 = new StreamWriter("ファイル名");
    // ファイル名のみを記述した場合は上書きモードになります
```

```
― ストリームライターオブジェクトの作成（書き込みモードの設定もする場合）―
StreamWriter オブジェクト名 = new StreamWriter("ファイル名", モード);
    // モードがfalseの場合は上書きになり、trueの場合は追加書き込みになります
```

例 1　test1.txtというファイルへ書き込みを行うためのswという名前のストリームライターオブジェクトを作成する場合、次のように書きます。

```
StreamWriter sw = new StreamWriter("test1.txt");
```

Chapter 7 ファイル処理

例 2 すでに存在する test2.txt というファイルの後ろに追加書き込みを行うストリームライターオブジェクトを作成する場合、次のように書きます。

```
StreamWriter sw = new StreamWriter("test2.txt", true);
```

ストリームライターオブジェクトで指定したファイルにデータを書き出すメソッドには、Write と WriteLine があります。それぞれの書式を以下に示します。二つのメソッドは、末尾に改行コードが入るか入らないかが異なります。

ファイルへの出力

ストリームライターオブジェクト名 .Write(データ);
　//( ) 内のデータをファイルに出力します

ファイルへの出力（後改行コード付）

ストリームライターオブジェクト名 .WriteLine(データ);
　//( ) 内のデータをファイルに出力し、末尾には後改行コードが入ります

例 3 " 藤本 " という文字列をストリームライターオブジェクト sa へ出力する場合、次のように書きます。

```
sa.WriteLine(" 藤本 ");
```

例 4 変数 b の値をストリームライターオブジェクト sb へ出力する場合、次のように書きます。

```
int b = 5;
sb.WriteLine(b);
```

例 5 整数型の 1 次元配列 c のすべての配列要素をストリームライターオブジェクト sc へ出力する場合、次のように書きます。foreach を用いて、整数型の配列 c から整数型の変数 ec に一つずつデータを取り出し、ストリームライターオブジェクトに出力しています。

```
int[] c = { 1, 2, 3, 4, 5 };
foreach (int ec in c)
    sc.WriteLine(ec);
```

例 6
整数型の 1 次元配列の配列要素 d[3] から d[8] をストリームライターオブジェクト sd へ出力する場合、次のように書きます。

```
int[] d = { 1, 2, 3, 4, 5, 4, 3, 2, 1};
for (int i = 3; i <= 8; i++)
    sd.WriteLine(d[i]);
```

例 7
変数 a、b、c の値まとめて 1 行でストリームライターオブジェクト se に出力する場合、区切りのための文字列を間に入れます。この例では、カンマ（,）を区切りの文字に使用しています。

```
int a = 1, b = 2, c =3;
se.WriteLine(a + "," + b + "," + c);
```

ストリームライターオブジェクトに出力しただけでは、ファイルへの書き込みは完了しません。ストリームライターオブジェクトを**クローズ**した（閉じた）時点でファイルへの書き込みが行われます。また、ストリームライターオブジェクトをクローズしないと、ほかのプログラムがそのファイルを利用できませんので、ストリームライターオブジェクトの使用後は必ずクローズします。

ストリームライターオブジェクトのクローズ

ストリームライターオブジェクト名.Close()

例 8
ストリームライターオブジェクト se をクローズする場合、次のように書きます。

```
se.Close();
```

例題 7.1

図 7.1 のように、6 人分の氏名、国語の点数、数学の点数を入力し、［保存］というボタンを押すと、test.txt というファイルにデータを保存するプログラムを作成してみましょう。

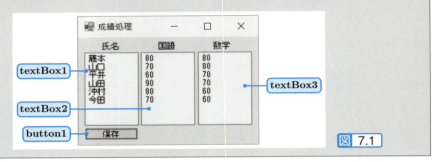

図 7.1

【解答】button1 をダブルクリックして、コードウィンドウを表示させ、破線で囲まれた部分を入力します。今回は、using System.IO; を入力する場所がよくわかるように、コードウィンドウに表示されるプログラムをすべて示しています。なお、二つ目のコメント行のところに InitializeComponent(); という記述が入っていますが、これはForm1 オブジェクト（Windows のフォーム画面）の初期値を設定するものなので消さないでください。

```
using System;
using System.Collections.Generic;
using System.ComponentModel;
using System.Data;
using System.Drawing;
using System.Linq;
using System.Text;
using System.Threading.Tasks;
using System.Windows.Forms;
using System.IO;              // ファイルアクセスの機能が追加される
namespace 例題7.1
{
    public partial class Form1 : Form
    {
        public Form1()
        {
            InitializeComponent();    //form1の初期設定を行う
        }

        private void button1_Click(object sender, EventArgs e)
```

7.1 ファイルへの出力 101

```
{
    StreamWriter sw = new StreamWriter("test.txt");
        //ストリームライターオブジェクトの作成
    string[] simei= new string[6];
    int[] koku = new int[6];
    int[] suu = new int[6];
    for (int i= 0; i <= 5; i++)
    {
        simei[i] = textBox1.Lines[i];
        koku[i] = Convert.ToInt32(textBox2.Lines[i]);
        suu[i] = Convert.ToInt32(textBox3.Lines[i]);
    }
    for (int i = 0; i <= 5; i++)
        sw.WriteLine(simei[i]+","+koku[i]+","+suu[i]);
    sw.Close();   //ストリームライターオブジェクトのクローズ
}
```

- 変数宣言
- テキストボックスのデータを配列に読み込む
- 配列のデータをファイルへ出力

　プログラムの入力ができたら、図7.1のようにデータを入力後、[保存]ボタンを押します。すると、現在のプロジェクトを保存しているフォルダ内のbinというフォルダの中のDebugというフォルダの中に、test.txtが作成されます。フォルダを開いて、test.txtのアイコンをダブルクリックすると、ファイルの内容を確認できます。中身は右のようになっているはずです。

```
─ test.txt ─
藤本,80,80
山口,70,80
平井,60,70
山田,90,70
沖村,80,60
今田,70,60
```

　自分の指定した場所にファイルを出力させたい場合は、ストリームライターオブジェクトの作成時にファイル名だけでなく、ドライブ名とそのドライブから作成したいファイルまでのすべての経路（**パス**）を記述します。ドライブ名は設定により異なりますが、通常はハードディスクがCドライブです。ドライブ名の後ろにはコロン（:）を付けます。また、フォルダ名の前にはエンマーク（¥）を付け、フォルダ名とファイル名の区切りもエンマーク（¥）を用います。ただし、エンマークを用いる場合には、ファイル名を表す文字列の前にアットマーク（@）を入れてください。

例 9　例題7.1のプログラムのストリームライターオブジェクトの宣言部分を次のように変更すれば、EドライブにtestｔxtをつEドライブにtest.txtを作成できます。

```
StreamWriter sw = new StreamWriter("E:test.txt");
```

Chapter 7 ファイル処理

例 10 例題 7.1 のプログラムのストリームライターの宣言部分を次のように変更すれば、C ドライブの data というフォルダの中に test.txt を作成できます。なお、C ドライブに data というフォルダを、先に作成しておく必要があります。

```
StreamWriter sw = new StreamWriter(@"C:\data\test.txt");
```

7.2 ファイルの読み込み

ファイルの読み込みを行う場合も、ファイル出力の場合と同様に、using System.IO という記述を追加します。そして、ファイル名を指定してファイルの読み込みを行う部品である、**ストリームリーダーオブジェクト**を作成します。

┌─ ストリームリーダーオブジェクトの作成 ─────────
│   StreamReader オブジェクト名 = new StreamReader(" ファイル名 ");
└─────────────────────────────

例 1 test1.txt というファイルを読み込むための sa という名前のストリームリーダーオブジェクトを作成する場合、次のように書きます。

```
StreamReader sa = new StreamReader("test1.txt");
```

例 2 C ドライブの data というフォルダの中の test.txt というファイルを読み込むための sb という名前のストリームリーダーオブジェクトを作成する場合、次のように書きます。

```
StreamReader sb = new StreamReader(@"C:\data\test.txt");
```

ストリームリーダーオブジェクトで指定したファイルからデータを読み込むメソッドには ReadLine、ReadToEnd があります。

┌─ ファイルの読み込み（1 行ずつ読み込む場合）────────
│   文字列型変数 = ストリームリーダーオブジェクト名 .ReadLine();
└─────────────────────────────

┌─ ファイルの読み込み（ファイルを一度に読み込む場合）─────
│   文字列型変数 = ストリームリーダーオブジェクト名 .ReadToEnd();
└─────────────────────────────

7.2 ファイルの読み込み

ストリームリーダーオブジェクトも、使用後には必ずクローズします。その書式は以下のようになります。

ストリームリーダーオブジェクトのクローズ

ストリームリーダーオブジェクト名.Close();

例 3　次のように記述すれば、文字列型変数 a に test1.txt というファイルのすべてを読み込むことができます。

```
StreamReader sa = new StreamReader("test1.txt");
string a = sa.ReadToEnd();
sa.Close();
```

例 4　次のように記述すれば、textBox1 に test1.txt というファイルのすべてを読み込み、表示することができます。

```
StreamReader sa = new StreamReader("test1.txt");
textBox1.Text = sa.ReadToEnd();
sa.Close();
```

文字列は、Split メソッドを使って分割することができます。ファイル処理の際に一緒に使用することが多いので、覚えておいてください。

文字列の分割

文字列型配列変数　=　文字列.Split(文字リテラル);
　　// 文字列を指定した文字で分割し、文字列型配列に代入します

例 5　Split メソッドにより文字列を分割した例です。文字列型変数 a に記憶されている " 藤本 ,80,70,60" という文字列を、Split メソッドにより ',' という文字で分割し、文字列型配列 b に代入します。文字列型配列 b の各配列要素の値は、b[0] が " 藤本 "、b[1] が "80"、b[2] が "70"、b[3] が "60" になります。

```
string a = "藤本,80,70,60";
string[] b = a.Split(',');
```

例 6

ReadLine メソッドと Split メソッドを組み合わせて使用した例です。

```
StreamReader sa = new StreamReader("test1.txt");
string a = sa.ReadLine();
string[] b = a.Split(',');
sa.Close();
```

たとえば、test1.txt に 藤本,80,70,60 という文字が書き込まれているとき、b[0] が "藤本"、b[1] が "80"、b[2] が "70"、b[3] が "60" になります。

例題 7.2

例題 7.1 のプログラムに、図 7.2 のように button2 を追加で配置し、ファイルの読み込み機能を追加してみましょう。

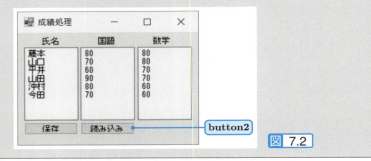

図 7.2

【解答】button2 をダブルクリックして、コードウィンドウを表示させ、以下のプログラムコードを記述します。

```
private void button2_Click(object sender, EventArgs e)
{
    StreamReader sr = new StreamReader("test.txt");
        //ストリームリーダーオブジェクトの作成
    textBox1.Text = "";
    textBox2.Text = "";              //テキストボックス内のテキストを消す
    textBox3.Text = "";
    for (int i = 0; i <= 5; i++)     // 人数分 6 回繰り返す
    {
        string a = sr.ReadLine();             //1 行読み込み文字列型変数 a に代入
        string[] b = a.Split(',');            // カンマで分割し文字列型配列変数 b に代入
        textBox1.Text += b[0] + "\r\n";       // 氏名の入った b[0] を textBox1 に追加
        textBox2.Text += b[1] + "\r\n";       // 国語の点の入った b[1] を textBox2 に追加
        textBox3.Text += b[2] + "\r\n";       // 数学の点の入った b[2] を textBox3 に追加
```

```
    }
    sr.Close();              //ストリームリーダーオブジェクトのクローズ
}
```

プログラムの入力ができたら、[読み込み]ボタンを押して、例題 7.1 などで保存した test.txt の中身が正しく表示されることを確認してください。

これまでのプログラムでは、ファイル名をプログラム内で指定していましたが、SaveFileDialog や OpenFileDialog を使うと、動作時にファイル名を指定することができます。ツールボックスから選択し、フォーム上でクリックすると、フォームの下に saveFileDialog1、openFileDialog1 が配置されます。「オブジェクト名.ShowDialog()」によりダイアログボックスが表示され、ダイアログボックスで指定したファイル名は「オブジェクト名.FileName」で参照できます。

例題 7.3

例題 7.2 のプログラムにファイルの指定機能を追加してみましょう。

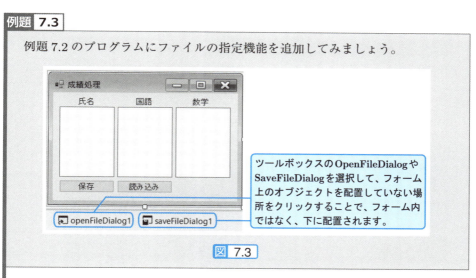

図 7.3

【解答】例題 7.2 のプログラムコード中のストリームライターの作成部分を、以下のように変更します。

```
StreamWriter sw = new StreamWriter("test.txt");
```

⇩

```
saveFileDialog1.ShowDialog();        //saveFileDialog1 を表示
StreamWriter sw = new StreamWriter(saveFileDialog1.FileName);
```

また、ストリームリーダーの作成部分も以下のように変更します。

```
StreamReader sr = new StreamReader("test.txt");
```

```
openFileDialog1.ShowDialog();      //openFileDialog1を表示
StreamReader sr = new StreamReader(openFileDialog1.FileName);
```

作成したプログラムを実行して動作を確認してみましょう。

① データを入力し、プログラムのウィンドウ上の[保存]ボタンを押します。
② [名前を付けて保存]というダイアログボックスが表示されますので、保存場所を指定して、ファイル名を入力後、ダイアログボックス中の[保存]ボタンをクリックします。
③ プログラムのウィンドウ上の[終了]ボタンをクリックして、プログラムを終了してください。
④ 再びプログラムを起動してください。データはすべて消えているはずです。
⑤ プログラムのウィンドウ上の[読み込み]ボタンをクリックします。
⑥ [開く]というダイアログボックスが表示されますので、保存時に付けたファイルをクリックにより指定後、ダイアログボックス中の[開く]ボタンをクリックします。先ほど保存したデータが表示されるはずです。

練習問題7

1 6個の整数値が入力されたテキストファイル data.txt からデータを読み込み、平均の値を表示するプログラムを作ってください（作成例と実行結果：問図7.1）。なお、データはテキストエディタ（Windows付属のメモ帳など）で作成し、プロジェクト名のフォルダ内の bin というフォルダの中の Debug というフォルダに入れておいてください。

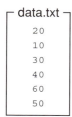

問図 7.1

2 6個の整数値が入力されたテキストファイル data.txt からデータを読み込み、最大の値を表示するプログラムを作ってください（作成例と実行結果：問図7.2）。なお、データは上の問題と同様に用意しておいてください。

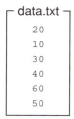
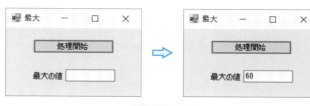

問図 7.2

3 6人の氏名とテストの点数が入力されたテキストファイル data.txt からデータを読み込み、最高点の人の氏名と得点を表示するプログラムを作ってください（作成例と実行結果：問図7.3）。なお、データはテキストエディタで作成し、プロジェクト名のフォルダ内の bin というフォルダの中の Debug というフォルダに入れておいてください。また、保存時に文字コードを Unicode に設定してください。

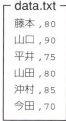

問図 7.3

Chapter 8 簡単なゲーム

ここでは、ゲームの作成に必要な乱数の発生、タイマーについて学んだあと、前章までに学んできたさまざまな知識を生かして、簡単なゲームを作ってみましょう。

8.1 乱数の発生

　規則性のない数字の並びを**乱数**といいます。さいころを振って出た目を並べて得られる数などがそうです。この乱数を発生させるために、Visual C# では乱数オブジェクトが用意されています。乱数を使用したい場合、乱数オブジェクトを作成したあと、Next メソッドを使用して乱数を生成します。その書式を以下に示します。

```
― 乱数オブジェクトの作成 ―
    Random 乱数オブジェクト名 = new Random();
```

```
― 乱数の生成 ―
    乱数オブジェクト名.Next(整数1)
        //0 以上「整数1」未満の整数の乱数を生成する場合
    乱数オブジェクト名.Next(整数1, 整数2)
        //「整数1」以上「整数2」未満の整数の乱数を生成する場合
```

例 1　a という名前の乱数オブジェクトを作成し、0 以上 10 未満の乱数を生成し、変数 b に代入する場合、次のように書きます。

```
Random a = new Random();
b = a.Next(10);
```

例 2　c という名前の乱数オブジェクトを作成し、−10 以上 10 未満の乱数を生成し、配列 d の配列要素 d[0] から d[99] に代入する場合、次のように書きます。

```
Random c = new Random();
for (int i = 0; i <= 99; i++)
    d[i] = c.Next(-10, 10);
```

例題 8.1

　図 8.1 のように、[乱数発生]というボタンを押すと、1 から 6 までの整数の乱数が表示されるプログラムを作ってみましょう。

図 8.1

【解答】 button1 をダブルクリックして、コードウィンドウを表示させ、以下のプログラムを入力します。メソッドの内部に乱数オブジェクトの作成の記述があると、button1 をクリックするたびにオブジェクトを作成することになり、効率がわるいので、メソッドの外で乱数オブジェクトを作成しています。

```
Random r = new Random();    // 乱数オブジェクトの作成

private void button1_Click(object sender, EventArgs e)
{
    textBox1.Text = Convert.ToString(r.Next(1, 7));
}
```

例題 8.2

　図 8.2 のように、例題 8.1 のサイコロのプログラムを改良し、サイコロの画像が表示されるようにしましょう。なお、サイコロの絵をあらかじめ描画ソフト（Windows に付属のペイントなど）で大きさをそろえて描いておいてください。

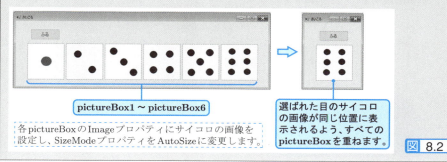

図 8.2

【解答】用意した画像をフォーム上に表示させるには、PictureBox（ピクチャーボックス）というオブジェクトを配置し、そのImageに絵（画像）を設定します。設定方法は以下のとおりです。

① ピクチャーボックス上部のボタンをクリックします（図8.3①）。

（または、プロパティウィンドウ内のImageというプロパティ名をクリックして、表示されるボタンをクリックします。）

② リソース選択ダイアログボックスのローカルリソースをクリックします（図8.4②）。

③ インポートをクリックします（図8.4③）。

すると、ファイル指定のダイアログボックスが表示されるので、用意した絵のファイルを指定します。

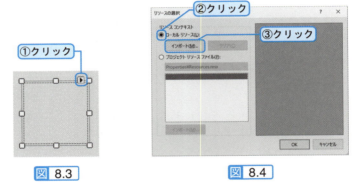

図 8.3　　　　　　図 8.4

絵の設置ができたら、あとはbutton1をダブルクリックして、コードウィンドウを表示させ、以下のプログラムコードを入力します。なお、オブジェクトのVisibleプロパティに、falseを設定するとそのオブジェクトは非表示になり、trueを設定すると表示されます。

```
Random r = new Random();              //乱数オブジェクトの作成

private void button1_Click(object sender, EventArgs e)
{
    int a = r.Next(1, 7);             //1以上7未満の乱数を生成し、変数aに代入する
    pictureBox1.Visible = false;      //pictureBox1を消す
    pictureBox2.Visible = false;      //pictureBox2を消す
    pictureBox3.Visible = false;      //pictureBox3を消す
    pictureBox4.Visible = false;      //pictureBox4を消す
    pictureBox5.Visible = false;      //pictureBox5を消す
    pictureBox6.Visible = false;      //pictureBox6を消す
    if (a == 1)                       //a=1のとき
        pictureBox1.Visible = true;   //pictureBox1を表示
```

```
        else if (a == 2)                //a=2のとき
            pictureBox2.Visible = true;      //pictureBox2を表示
        else if (a == 3)                //a=3のとき
            pictureBox3.Visible = true;      //pictureBox3を表示
        else if (a == 4)                //a=4のとき
            pictureBox4.Visible = true;      //pictureBox4を表示
        else if (a == 5)                //a=5のとき
            pictureBox5.Visible = true;      //pictureBox5を表示
        else                            // それ以外のとき（a=6のとき）
            pictureBox6.Visible = true;      //pictureBox6を表示
}
```

8.2　タイマー

　Timer（タイマー）というオブジェクトを使用すると、指定した時間間隔で処理を繰り返し実行することができます。ゲームでは、制限時間を設けたり、一定時間間隔で表示を変化させたりすることがよくあります。このような場合に、Timer を使用します。時間間隔を Interval というプロパティで設定し、イベント生成の有効・無効（true / false）を Enabled というプロパティで設定します。

例題 8.3

表示されている数字が1秒ごとに増加していくプログラムを作ってみましょう。

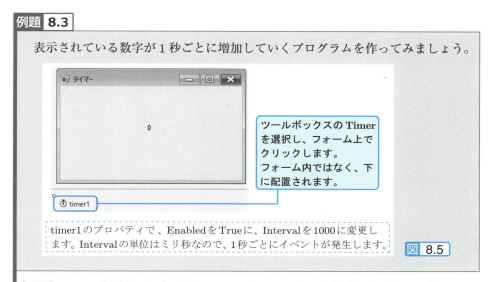

図 8.5

【解答】timer1 をダブルクリックして、コードウィンドウを表示させ、以下のプログラムを入力します。

```
int i = 0;
private void timer1_Tick(object sender, EventArgs e)
{
    i = i + 1;                              // 変数iの値を1増加させる
    label1.Text = Convert.ToString(i);      // 変数iの値をlabel1に表示
}
```

例題 8.4

図 8.6 のようなストップウォッチのプログラムを作ってみましょう。

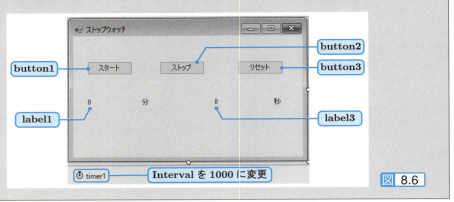

図 8.6

【解答】各 button と timer1 をダブルクリックして、コードウィンドウを表示させ、以下のプログラムを入力します。

```
int m=0, s=0;

private void button1_Click(object sender, EventArgs e)
{
    timer1.Enabled = true;          //timer1を作動させる
}

private void button2_Click(object sender, EventArgs e)
{
    timer1.Enabled = false;         //timer1を作動させない
}

private void button3_Click(object sender, EventArgs e)
{
    timer1.Enabled = false;         //timer1を作動させない
    m = 0;                          //mの値を0にする
    s = 0;                          //sの値を0にする
```

```
            label1.Text = Convert.ToString(m);
            label3.Text = Convert.ToString(s);
        }

        private void timer1_Tick(object sender, EventArgs e)
        {
            if (s < 60)                              //sの値が60より小さいとき
            {
                s = s + 1;                           //sの値を1増加させる
                label3.Text = Convert.ToString(s);   //sの値をlabel3に表示
            }
            if (s >= 60)                             //sの値が60以上のとき
            {
                s = 0;                               //sの値を0にする
                m = m + 1;                           //mの値を1増加させる
                label1.Text = Convert.ToString(m);   //mの値をlabel1に表示
                label3.Text = Convert.ToString(s);   //sの値をlabel3に表示
            }
        }
```

例題 8.5

　図8.7のようなスロットマシーンのゲームを作りましょう。ゲームの詳細は次のとおりです。[Start]ボタンが押されると、label1の値（コインの枚数）を1減らし、textBox1、textBox2、textBox3に0から9までの別々の乱数を表示します。[Stop]ボタンが押されると、その上のテキストボックスに表示する乱数の発生をやめます。すべての[Stop]ボタンが押されたとき、三つのテキストボックスの値が等しい場合はlabel1の値に100を加えます。なお、timer1のIntervalは、目押しできるかできない程度の値（100ぐらい）にします。

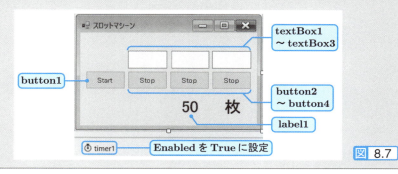

図 8.7

【解答】以下のプログラムでは、スロットマシーンの左、中、右の各スロットが回っている

か止まっているかという状態を表す変数として、f1、f2、f3 を使っています。[Stop]ボタンが押されたときに、そのスロットが回っていれば、スロットを止めて、当たりの判定メソッドを呼び出しています。

```
Random r = new Random();          // 乱数オブジェクトの作成
int f1, f2, f3;                   // スロットの状態を表す変数の宣言

void hantei()                     // 当たり判定のメソッド
{
    if (f1 == 0 && f2 == 0 && f3 == 0)
    {
    if (textBox1.Text == textBox2.Text && textBox1.Text == textBox3.Text)
        label1.Text = Convert.ToString(Convert.ToInt32(label1.Text) + 100);
    }
}

//[Start]ボタンをクリックしたときの動作
private void button1_Click(object sender, EventArgs e)
{
    label1.Text = Convert.ToString(Convert.ToInt32(label1.Text) - 1);
                                  // コインを 1 枚減らす
    f1 = 1;                       //f1 に 1 を代入する
    f2 = 1;                       //f2 に 1 を代入する
    f3 = 1;                       //f3 に 1 を代入する
}

// 左の[Stop]ボタンをクリックしたときの動作
private void button2_Click(object sender, EventArgs e)
{
    if (f1 == 1)                  // もし f1=1 なら
    {
        f1 = 0;                   //f1 に 0 を代入する
        hantei();                 //hantei というメソッドを呼び出す
    }
}

// 中央の[Stop]ボタンをクリックしたときの動作
private void button3_Click(object sender, EventArgs e)
{
    if (f2 == 1)                  // もし f2=1 なら
    {
        f2 = 0;                   //f2 に 0 を代入する
        hantei();                 //hantei というメソッドを呼び出す
    }
}
```

```csharp
// 右の[Stop]ボタンをクリックしたときの動作
private void button4_Click(object sender, EventArgs e)
{
    if (f3 == 1)                        // もし f3=1 なら
    {
        f3 = 0;                         //f3 に 0 を代入する
        hantei();                       //hantei というメソッドを呼び出す
    }
}

private void timer1_Tick(object sender, EventArgs e)
{
    if (f1 == 1)                        //f1=1 の判定
        textBox1.Text = Convert.ToString(r.Next(0, 10));
                                        // 乱数を生成し、textBox1 に表示する
    if (f2 == 1)                        //f2=1 の判定
        textBox2.Text = Convert.ToString(r.Next(0, 10));
                                        // 乱数を生成し、textBox2 に表示する
    if (f3 == 1)                        //f3=1 の判定
        textBox3.Text = Convert.ToString(r.Next(0, 10));
                                        // 乱数を生成し、textBox3 に表示する
}
```

なお、乱数オブジェクトの作成はプログラムの効率を上げるために、メソッドの外に記述しています。また、スロットの状態を表す変数をメソッドの外で宣言していますが、これはすべてのメソッドで使用できるようにするためです。hantei という自作メソッドは値を返さないので、メソッド名の前に void が付いています。

8.3 コントロール配列

コントロール配列とは、フォームに貼り付けたボタンやテキストボックスなどをまとめて扱うために配列にしたものです。ゲームなど多くのオブジェクトを扱うプログラムを作成する場合に便利です。コントロール配列を用いる場合、まず宣言を行う必要があります。コントロール配列を宣言するための書式を以下に示します。

```
─ コントロール配列の宣言 ──────
  Control[] オブジェクト名 ;
```

例 1 a というコントロール配列を使いたい場合、次のように宣言します。

```
Control[] a;
```

コントロール配列の宣言後には、実際のオブジェクトとの関連付けを行う必要があります。

例 2 コントロール配列 a の各要素 a[0] 〜 a[2] に対して、button1 〜 button3 を関連付けする場合、次のように記述します。

```
a[0] = button1;
a[1] = button2;
a[2] = button3;
```

このように関連付けることで、各オブジェクトを指定する際に変数が利用できます。

例 3 次のように記述すると、例 2 と同じ関連付けを 1 行で行うことができます。

```
a = new Control[] { button1, button2, button3 };
```

例 4 上のように関連付けられているとき、次のプログラムが実行されると、a[2] に関連付けられた button3 が消えます。

```
i = 2;
a[i].Visible = false;
```

コントロール配列の宣言と同時に、コントロール配列の各要素とオブジェクトの関連付けを行うことができます。その場合の書式を以下に示します。

コントロール配列の宣言と関連付け
```
Control[] コントロール配列名 = new Control[]{ オブジェクト1, オブジェクト2, … };
```

例 5 a というコントロール配列を宣言すると同時に、button1 〜 button3 に関連付けを行う場合、次のように記述します。

```
Control[] a = new Control[] { button1, button2, button3 };
```

コントロール配列を for 文と一緒に用いると、多くのオブジェクトに対して、一度に操作を行うことができます。

例 6 次のように記述すると、button1 〜 button3 をまとめて非表示にできます。

```
Control[] a = new Control[] { button1, button2, button3 };
for (int i = 0; i <= 2; i++)
    a[i].Visible = false;
```

a という名前のコントロール配列を宣言すると同時に button1 〜 button3 を a[0] 〜 a[2] に関連付け、繰り返しを利用して、a[0] 〜 a[2] を非表示にしています。

次のモグラたたきのプログラムでは、どのボタンをクリックしてもラベルの値が 1 増加します。このような場合、すべてのボタンに対して同じプログラムコードを記述してもよいのですが、button1 にだけプログラムコードを記述し、ほかのボタンが押されたときは、button1_Click に記述したプログラムコードを呼び出すことで、プログラムコードの記述を減らすことができます。

この場合の設定手順を以下に示します。

① button1 をダブルクリックし、自動的に作成された button1_Click{ と } の間に、button1 をクリックした際に実行するプログラムコードを記述します。
② 同一のプログラムコードを設定したいオブジェクトを選択します（図 8.8 ②）。
③ プロパティウィンドウのイベントのボタンをクリックします（図 8.8 ③）。
④ Click の欄において button1_Click を選択します（図 8.8 ④）。

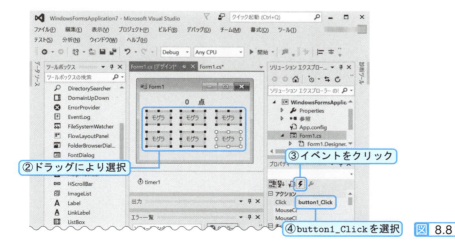

図 8.8

例題 8.6

図8.9のようなもぐら叩きのゲームを作りましょう。このゲームは、一定間隔で1個のボタンが表示され、これをマウスでクリックすると点数が増加するゲームです。

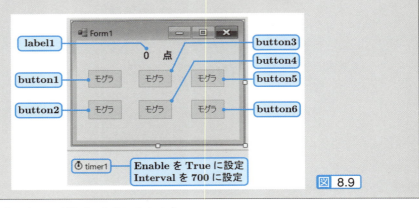

図 8.9

【解答】プログラムは以下のようになります。

```
Control[] a;                    // コントロール配列の宣言
Random r = new Random();        // 乱数オブジェクトの作成
int ten = 0;                    // 得点を記憶する変数の宣言

// プログラム起動時に一度だけ実行されるメソッド
public Form1()
{
    InitializeComponent();
    a = new Control[]{button1, button2, button3, button4, button5, button6};
                                // コントロール配列とボタンの関連付け
}

//button1 をクリックしたときの動作
private void button1_Click(object sender, EventArgs e)
{
    ten = ten + 1;                          // 得点を1増やす
    label1.Text = Convert.ToString(ten);    // 得点を表示
}

//timer1 による動作
private void timer1_Tick(object sender, EventArgs e)
{
    for (int i = 0; i <= 5; i++)            // 繰り返しを利用して
        a[i].Visible = false;               // ボタンをすべて消す
```

```
    int rr = r.Next(0, 6);              // 乱数を発生させ
    a[rr].Visible = true;                // その場所のボタンを表示
}
```

　このプログラムでは、コントロール配列 a、乱数オブジェクト r、整数型変数 ten を宣言している位置に気を付けてください。上述のコードのように各メソッドの外に宣言を記述すると、すべてのメソッドで使用できる変数になります。また、コントロール配列とボタンの関連付けを public Form1() のメソッド内に記述しています。このメソッドは、プログラム起動時に一度だけ実行されるメソッドで、プログラムの初期設定に使用します。

　このようにプログラムを記述したら、先に 117 ページで説明した手順②〜④によって、残りの button2 〜 button6 について button1 に記述したプログラムコードを呼び出すように設定すれば、図 8.9 のようなもぐら叩きゲームの完成です。

練習問題 8

1 ［Start］ボタンを押して 10 秒経過したと思ったら［Stop］ボタンを押し、10 秒ちょうどならば 100 点、100 ミリ秒違うごとに 1 点減点されるという、時間あてゲームを作ってください（作成例：問図 8.1）。

問図 8.1

2 例題 8.5 のスロットマシーンのテキストボックスを 9 個にして、斜めがそろった場合にもコインが増えるようにしてください（作成例：問図 8.2）。

問図 8.2

3 例題 8.7 のもぐら叩きのプログラムを改良し、モグラの画像が表示されるようにしてください（作成例：問図 8.3）。

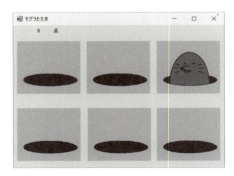

問図 8.3

Chapter 9 動きのあるゲーム

ここでは、オブジェクトの移動方法と、キーボードからの入力判定について学んだあと、動きのある本格的なゲームを作成してみましょう。

9.1 オブジェクトの位置

オブジェクトの位置はプロパティです。オブジェクトの左上の点の座標を、プロパティウィンドウの Location プロパティから、参照または設定できます。図 9.1 のように、座標の原点 (0, 0) はフォームの左上になります。座標値の単位はピクセルです。ピクセルとは画素ともよばれ、画面を構成する最小単位の点のことです。オブジェクトの座標点を指定するときには、Y 軸の方向が数学でグラフを描く場合と反対になっているので、注意してください。

図 9.1

Location プロパティは X 座標と Y 座標を同時に指定する必要があるため、本書では、X 座標と Y 座標を別々に指定できる Left プロパティと Top プロパティを使用することにします。Left プロパティと Top プロパティはプロパティウィンドウに表示されていませんが、Left プロパティに値を設定すると X 座標、Top プロパティに値を設定すると Y 座標が変わります。

Chapter 9 動きのあるゲーム

例 1 以下のように記述すると、pictureBox1 の X 座標と Y 座標の値をそれぞれ textBox1 と textBox2 に表示することができます。

```
textBox1.Text = Convert.ToString(pictureBox1.Left);
textBox2.Text = Convert.ToString(pictureBox1.Top);
```

例 2 pictureBox1 の座標を (100, 200) に設定する場合、次のように書きます。

```
pictureBox1.Left = 100;
pictureBox1.Top = 200;
```

例 3 pictureBox1 を右に 1 ピクセル移動したい場合、次のように書きます。

```
pictureBox1.Left = pictureBox1.Left + 1;
```

例 4 pictureBox1 を左に 1 ピクセル移動したい場合、次のように書きます。

```
pictureBox1.Left = pictureBox1.Left - 1;
```

例 5 pictureBox1 を下に 1 ピクセル移動したい場合、次のように書きます。

```
pictureBox1.Top = pictureBox1.Top + 1;
```

例 6 pictureBox1 を上に 1 ピクセル移動したい場合、次のように書きます。

```
pictureBox1.Top = pictureBox1.Top - 1;
```

オブジェクトの位置の指定と移動の方法について説明しましたので、次にオブジェクトに動きをもたせてみましょう。タイマー（Timer）を使用して、指定した時間間隔でイベントを発生させオブジェクトの位置を更新することで、オブジェクトに動きをもたせることができます。

9.1 オブジェクトの位置

例題 9.1

図 9.2 のように、ハートの絵を描いてピクチャーボックスに貼り付け、ハートが上から下に向かって動くプログラムを作ってみましょう。なお、ハートが動く速さは、タイマーの Interval プロパティの値でお好みに調整してください。

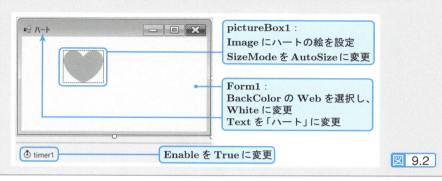

図 9.2

【解答】timer1 をダブルクリックして、コードウィンドウを表示させ、以下のプログラムを入力します。

```
private void timer1_Tick(object sender, EventArgs e)
{
    pictureBox1.Top = pictureBox1.Top + 2;
}
```

このプログラムでは、timer1 で設定した時間間隔ごとに、pictureBox の位置を下に 2 ピクセル移動させています。

例題 9.2

ハートの絵が下に移動して見えなくなったらもう一度上から現れるように、例題 9.1 のプログラムを改良してみましょう。

【解答】timer1 をダブルクリックして、コードウィンドウを表示させ、網掛け部分を追加します。

```
private void timer1_Tick(object sender, EventArgs e)
{
    if (pictureBox1.Top < this.Height)
        pictureBox1.Top = pictureBox1.Top + 2;
    else
        pictureBox1.Top = -pictureBox1.Height;
}
```

このプログラムにおいて、**this** は Form1 のことを表します。**this**.Height は Form1 の高さ（Y 方向の長さ）を表します。また、pictureBox1.Height は pictureBox1 の高さ（Y 方向の長さ）を表します。このプログラムでは、pictureBox1 を上に移動させるときに、0 を代入するのではなく、オブジェクトが完全に見えない位置から表示させるために、Top プロパティに -pictureBox1.Height を代入しています。

> **Point**
>
> pictureBox1.Top = 0; とすると、図 9.3 の左のようにハートの画像は Form1 の一番上に移動します。pictureBox1.Top =-pictureBox1.Height; とすると、図 9.3 の右のようにハートの画像はハートの画像の高さ（pictureBox1.Height）分だけさらに上に移動し、ちょうどまったく見えなくなります。
>
>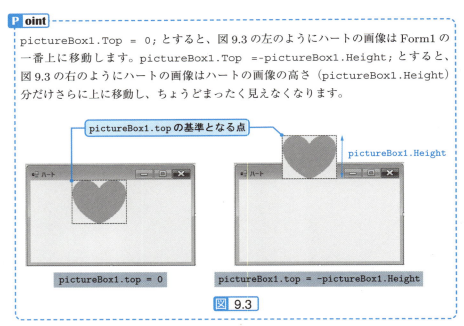
>
> 図 9.3

例題 9.3

例題 9.2 を修正し、左右にランダムに動きながら落下するハートをクリックすると得点が増える、ハート叩きゲームを作ってみましょう。

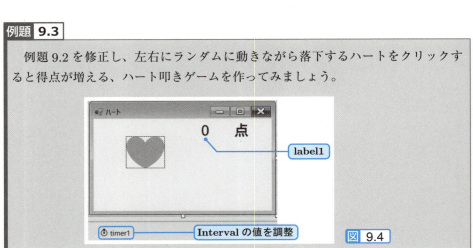

図 9.4

【解答】 timer1 および pictureBox1 をダブルクリックして、コードウィンドウを表示させ、以下のプログラムを入力します。

```
Random r = new Random();
int ten = 0;

//timer1による動作
private void timer1_Tick(object sender, EventArgs e)
{
    if (pictureBox1.Top < this.Height)
                                    //pictureBox1のTopの値がForm1の高さ未満の場合
    {
        pictureBox1.Top = pictureBox1.Top + 10;
                                    //pictureBox1を下に10ピクセル移動
        pictureBox1.Left = pictureBox1.Left + r.Next(-10, 10);
                                    //pictureBox1を乱数で横に振る
    }
    else                            //条件が成立しなかった場合
    {
        pictureBox1.Top = -pictureBox1.Height;   //pictureBox1を上に移動
        pictureBox1.Left = r.Next(0, this.Width - pictureBox1.Width);
                                    //pictureBox1の横の位置を乱数により決定
    }
}

//pictureBox1をクリックしたときの動作
private void pictureBox1_Click(object sender, EventArgs e)
{
    ten = ten + 1;                       //点数を1点増やす
    label1.Text = Convert.ToString(i);   //点数を表示する
}
```

このプログラムでは、pictureBox1 を乱数で横に振りながら 10 ピクセル移動していき、見えなくなったらフォーム上部のちょうど見えない位置まで移動させています。また、このときの横の位置は乱数により決定しています。なお、オブジェクトの 1 回の移動量は 10 ピクセルでなくてもよいので、ゲームとして面白くなるように、自由に調整してみてください。オブジェクトの移動の時間間隔（timer1 の Interval プロパティの値）も調整しても構いません。

9.2 KeyDown イベントによるオブジェクトの移動

以下では、キーボードの矢印キーにより picturBox1 に読み込んだ絵を動くようにする手順について説明します（図 9.5）。

① Form1 をクリックして選択します。

② プロパティウィドウ上部のイベント ⚡ のボタンをクリックします。

③ KeyDown をダブルクリックします。

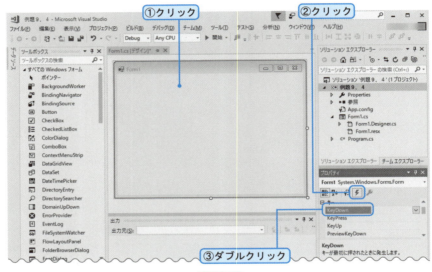

図 9.5

コードウィンドウが表示され、以下のコードが追加されますので、{ と } の間にキーが押されたときに実行させたいプログラムコードを記述します。

```
private void Form1_KeyDown(object sender, KeyEventArgs e)
{

}
```

押されたキーは、e.KeyCode により知ることができます。矢印キーなどの制御キーの場合は、そのキーを表すキーコード定数と比較することで、押されたキーを知ることができます。表 9.1 に代表的なキーコード定数を示します。

9.2 KeyDown イベントによるオブジェクトの移動

表 9.1　代表的な制御キーを表すコード定数

キー	コード定数	キー	コード定数	キー	コード定数
BackSpace	Keys.Back	Alt	Keys.Menu	←	Keys.Left
Enter	Keys.Enter	スペース	Keys.Space	↑	Keys.Up
Shift	Keys.ShiftKey	PageUp	Keys.PageUp	→	Keys.Right
Ctrl	Keys.ControlKey	PageDown	Keys.PageDown	↓	Keys.Down

　前節やこの節の内容を実践して、以下の例題を順番に進め、天使を動かしてハートを打つゲームを作ってみましょう。

例題 9.4

　天使の絵を描いて、図 9.6 のように、ピクチャーボックスに貼り付け、矢印キーにより動かしてみましょう。

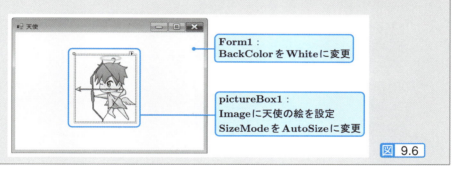

Form1：
BackColor を White に変更

pictureBox1：
Image に天使の絵を設定
SizeMode を AutoSize に変更

図 9.6

【解答】プロパティウィドウのイベントボタンをクリック後、KeyDown をダブルクリックして、コードウィンドウを表示させ、以下のプログラムを入力します。

```
private void Form1_KeyDown(object sender, KeyEventArgs e)
{
    if (e.KeyCode == Keys.Left) pictureBox1.Left = pictureBox1.Left - 5;
    if (e.KeyCode == Keys.Right) pictureBox1.Left = pictureBox1.Left + 5;
    if (e.KeyCode == Keys.Up) pictureBox1.Top = pictureBox1.Top - 5;
    if (e.KeyCode == Keys.Down) pictureBox1.Top = pictureBox1.Top + 5;
}
```

　このプログラムでは、入力した矢印キーに応じて、天使の絵がその方向に 5 ピクセル動くようにしています。

例題 9.5

図 9.7 のように、例題 9.4 に矢の絵（pictureBox2）とタイマー（timer1）を追加し、スペースキーを押すと、矢が飛んでいくようにしましょう。

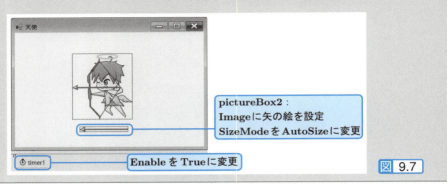

図 9.7

【解答】timer1 をダブルクリックして、コードウィンドウを表示し、以下の網掛け部分を追加しましょう。

```
// プログラムの初期設定用メソッド
public Form1()
{
    InitializeComponent();
    pictureBox2.Left = -pictureBox2.Width;    // 矢の初期位置を設定
}

// キーが押された時に動作するメソッド
private void Form1_KeyDown(object sender, KeyEventArgs e)
{
    if (e.KeyCode == Keys.Left) pictureBox1.Left = pictureBox1.Left - 5;
    if (e.KeyCode == Keys.Right) pictureBox1.Left = pictureBox1.Left + 5;
    if (e.KeyCode == Keys.Up) pictureBox1.Top = pictureBox1.Top - 5;
    if (e.KeyCode == Keys.Down) pictureBox1.Top = pictureBox1.Top + 5;
    if (e.KeyCode == Keys.Space)      // スペースキーが押されたことの判定
    {
        pictureBox2.Left = pictureBox1.Left;
        pictureBox2.Top = pictureBox1.Top + pictureBox1.Height / 2;
    }
}

//timer1 による動作
private void timer1_Tick(object sender, EventArgs e)
{
```

```
            pictureBox2.Left = pictureBox2.Left - 20;
}
```

　このプログラムでは、矢の初期位置をフォーム外の見えない場所に設定し、スペースキーが押されると、矢の位置を天使の絵の左端中央に移動させます。矢は timer1 により設定した時間間隔ごとに常に左に 20 ピクセル移動させています。

例題 9.6

天使を動かしてハートを打つゲームを完成させましょう。

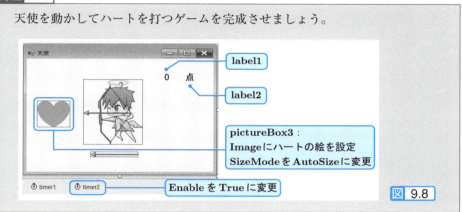

図 9.8

【解答】timer2 をダブルクリックして、コードウィンドウを表示させ、ハートを動作させるプログラムと当たり判定をし、得点をカウントするためのプログラムを追加します。
　当たり判定（先がハートに当たったかどうかの判断）は、矢（pictureBox2）とハート（pictureBox3）の座標で行います。具体的には、図 9.9 のようにハートの横幅内に矢の先が入り、かつ、図 9.10 のようにハートの縦幅内に矢が入ったときに当たりとします。

図 9.9　　　　　　　　　　図 9.10

```
Random r = new Random();

private void timer2_Tick(object sender, EventArgs e)
{
    // ハートの動作
    if (pictureBox3.Top < this.Height)
    {
        pictureBox3.Top = pictureBox3.Top + 10;
        pictureBox3.Left = pictureBox3.Left + r.Next(-10, 10);
    }
    else
    {
        pictureBox3.Top = -pictureBox3.Height;
        pictureBox3.Left = r.Next(0, this.Width - pictureBox1.Width);
    }

    // 当たり判定と得点のカウント
    if (pictureBox2.Left > pictureBox3.Left
        && pictureBox2.Left < pictureBox3.Left + pictureBox3.Width
        && pictureBox2.Top > pictureBox3.Top
        && pictureBox2.Top < pictureBox3.Top + pictureBox3.Height
                    - pictureBox2.Height)
    {
        label1.Text = Convert.ToString(Convert.ToInt32(label1.Text) + 1);
                                                    // 得点を増やす
        pictureBox3.Top = -pictureBox3.Height;      // ハートを消す
        pictureBox3.Left = r.Next(0, this.Width - pictureBox1.Width);
    }
}
```

当たり判定

練習問題9

1 例題9.3のハートの数を増やしてください。また、制限時間も付けてください（作成例：問図9.1）。

問図 9.1

2 例題9.6のハートの数を増やしてください。また、制限時間も付けてください（作成例：問図9.2）。

問図 9.2

3 せまってくるワニをクリックして撃退するゲームを作ってください。ワニをクリックすると得点が増えていき、クリックされたワニは元の位置にもどるとし、フォームの下のラインまでワニが進むと噛まれたことになり減点されるようにしてください。また、制限時間も付けてみましょう（作成例：問図9.3）。

問図 9.3

Chapter 10 オブジェクト指向

Visual C# は、大規模なプログラム開発を行う場合に便利な、**オブジェクト指向**プログラミングをサポートしています。オブジェクト指向プログラミングでは、データと手続き（メソッド）をまとめて一つのクラスとして扱います。前章までの説明では、プログラミングの基礎の修得に集中してもらうために、オブジェクト指向プログラミングを用いない手法による説明を行ってきました。本章では、将来、本格的にプログラミングを学んでいく人が避けて通れないオブジェクト指向プログラミングの基本概念について学びます。

10.1 Visual C# のプログラムの構造

オブジェクト指向について説明する前に、Visual C# のプログラム構造について説明します。図 10.1 が Visual C# のプログラム構造のイメージです。**名前空間**という一番大きな構造があり、名前空間の中に**クラス**が入ります。クラスの中に、ひとかたまりの処理であるメソッドや変数が入ります。また、メソッドの中にも変数を入れることができます。

Visual C# では、コードウィンドウが表示された時点で、すでにコードが入力さ

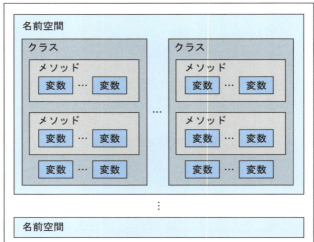

図 10.1 Visual C# のプログラム構造

10.1 Visual C# のプログラムの構造

れています。たとえば、1 章のプログラム作成時（図 1.15）には、次のようなコードが入力されています。

```
using System;
using System.Collections.Generic;
using System.ComponentModel;
using System.Data;
using System.Drawing;
using System.Linq;
using System.Text;
using System.Threading.Tasks;
using System.Windows.Forms;
```
ほかの名前空間に登録している機能を利用できるようにしている。利用頻度が高いので、自動的に登録されている。

```
namespace 例題 1
{                                         名前空間 例題 1 の範囲
    public partial class Form1 : Form
    {                                     クラス Form1 の範囲
        public Form1()
        {                                 メソッド Form1 の範囲
            InitializeComponent();        Form1 作成時に起動
        }

        private void button1_Click(object sender, EventArgs e)
        {
        }                                 メソッド button1_Click の範囲
    }
}
```

using で始まる行が何行かあります。これは、別の名前空間に存在している機能を利用できるようにする記述です。Visual C# では、汎用的な便利な機能をほかのプログラムから呼び出せるもの（クラスライブラリーという）が用意されています。その機能は、種類ごとに別の名前空間に登録されています。この記述により、それぞれの名前空間に登録しいる機能が使えるようになります。7 章において、using System.IO を追加しましたが、これは、System.IO という名前空間にファイル操作に関する機能が登録されているためです。

次に、namespace の記述があります。この例では、namespace の後ろが「例題 1」になっています。これはプログラムの名前を例題 1 にしたためです。また、例題 1 という名前空間の中に、Form1 というクラスが作成されており、その中に Form1() と button1_Click(object sender, EventArgs e) という 2 個のメソッドが作成されています。1 個目の Form1() というメソッドは、Form1 が作成されるとき

に実行されるメソッドです。InitializeComponent();という記述がすでに入っていますが、これは Form1 オブジェクト（Windows のフォーム画面）の初期値を設定するものなので消さないでください。また、起動時に実行させたい処理がある場合は、ここに記述します。

10.2 オブジェクト指向とは

　オブジェクト指向プログラミングは、プログラミングの保守性と再利用性を上げるために考え出されたプログラミングの手法です。オブジェクト指向プログラミングのことを単にオブジェクト指向とよぶこともあります。データと手続きをひとまとまりにした集合体であるオブジェクトを作り、オブジェクトとオブジェクトを組み合わせてプログラムを構築していきます。このようなプログラミング手法をサポートしているプログラミング言語がオブジェクト指向言語です。C#、C++、Java などの新しいプログラミング言語のほとんどがオブジェクト指向言語です。次の表 10.1 は、オブジェクト指向プログラミングのメリットとデメリットをまとめたものです。小さなプログラムや個人でプログラムを作成する場合にはオブジェクト指向プログラミングを行うメリットはほとんどありません。複数の開発者が共同で大きなプログラムを作成する場合やプログラムを長期間保守運用する場合にメリットがあります。そのため、商用のプログラムの開発においては、オブジェクト指向プログラミングの手法が用いられるようになってきています。

表 10.1　オブジェクト指向プログラミングのメリットとデメリット

メリット	デメリット
・プログラムの再利用性が向上	・設計にかかる時間が増加
・プログラムの仕様変更が容易	・プログラムの処理時間が増大
・プログラムの保守性が向上	・オブジェクト指向がわかる技術者不足
・プログラムのテスト時間が減少	

　データと手続きをひとまとめにした集合体をオブジェクトと述べましたが、C# を含むほとんどすべてのオブジェクト指向言語では、オブジェクトを直接作らず、クラス（Class）というオブジェクトの設計図のようなものを作成し、これを用いてオブジェクトを作ります。これは、同機能のオブジェクトを複数個使用する場合に記述量を減らすことができるからです。また、既存のクラスに機能を追加して新しいクラスを作る機能を持っており、これによりプログラムの保守性、再利用性を高めています。オ

ブジェクト指向プログラミングでは、クラスから作成されたオブジェクトを**インスタンス**といい、クラスからインスタンス（オブジェクト）を作成することを**インスタンス化**といいます。

プログラミングの第一段階として、コントロールをフォームに張り付けてユーザーインターフェースを設計しますが、これをクラスとオブジェクトの立場から考えてみます。TextBox コントロールをクリックし、フォーム上でクリックすると、textBox1 というオブジェクトがフォーム上に張り付けられます。もう一回 TextBox コントロールをクリックし、フォーム上でクリックすると、textBox2 というオブジェクトが張り付けられます。TextBox コントロールは、オブジェクトを作成するための設計図のようなものなので、クラスです。マイクロソフト社のマニュアルでは、実際に、TextBox コントロールは TextBox というクラスとして説明されています。このように、Visual C# は、すべてにおいてオブジェクト指向の考え方に基づいて作られています。

10.3 カプセル化と隠蔽

オブジェクト指向プログラミングの特徴に、**カプセル化**と**隠蔽**があります。カプセル化とは、関係の深いデータと手続き（メソッド）をひとまとまりにすることです。このデータと手続きをまとめたものを、**クラス**といいます。図 10.2 は、従来のプログラミングとオブジェクト指向プログラミング（カプセル化した場合）のイメージ図

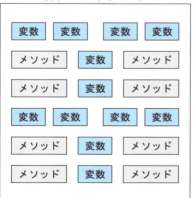
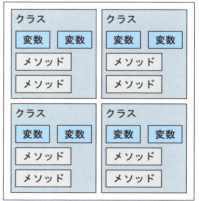

図 10.2

です。カプセル化により、プログラムの構造（全体像）が把握しやすくなります。また、隠蔽とは、クラス内のデータやメソッドをなるべく隠し、クラス間の依存関係を少なくすることです。オブジェクト指向プログラミング手法とは、プログラムの保守性と拡張性を高めるために、カプセル化と隠蔽により、独立性を高くした部品（クラス）を使ってプログラムを作成する手法です。

以下では、オブジェクト指向プログラミングでもっとも大事な、カプセル化と隠蔽について、もう少し詳しく説明します。

先にも述べましたが、データと手続き（メソッド）をひとまとまりにしたものが、クラスです。以下に、クラス定義の書式を示します。クラスの中で宣言される変数のことを**フィールド**といいます。フィールドのことを**メンバー変数**ともよぶこともあります。なお、クラス名やメソッド名の1文字目を英字大文字にする、という決まりがあります。そうしなくてもエラーにはなりませんが、コードウィンドウにおいてクラス名の下に点線が表示されマウスを合わせると名前指定の規則違反と表示されるので、このルールに従ってクラス名やメソッド名を付けてください。

```
クラスの定義
    class クラス名
    {
        （アクセス修飾子） フィールド定義；
        （アクセス修飾子） メソッド定義；
    }
```

フィールド定義やメソッド定義において、**アクセス修飾子**によりアクセスできる範囲を制限できます。表10.2は、利用できるアクセス演算子とそのはたらきです。このように、クラス内部のフィールド（メンバー変数）やメソッドへのアクセスを制限することを、**隠蔽**といいます。オブジェクト指向プログラミングでは、外部に対して公開しなくてよいものはなるべく隠蔽し、必要最小限のものだけを公開します。なお、アクセス修飾子を省略するとpraivateとなり、外部からアクセスできない、隠蔽した状態になります。アクセス修飾子でフィールドを隠蔽すると、フィールドに値を

表10.2 おもなアクセス修飾子とそのはたらき

アクセス修飾子	はたらき
private	宣言した型内からのアクセスだけを許可する
public	どこからでもアクセスすることが可能
internal	同一のプログラム内からのアクセスを許可する
protected	宣言した型とこれから派生した型からのアクセスを許可する

10.3 カプセル化と隠蔽

設定するメソッドが必ず必要になります。

例 1 二つの整数型データからなるクラスを定義した例です。2個の整数型のフィールド（メンバー変数）と2個のメソッドからできています。

```
class Syori                          //Syoriというクラスの定義
{
    int a, b;                        // フィールド定義

    public void Atai(int aa, int bb) // フィールドに値を設定するためのメソッド
    {
        a = aa;
        b = bb;
    }

    public int Wa()                  // 二つの整数の合計を返すメソッド
    {
        return a + b;
    }
}
```

クラスはそのままでは利用できません。クラスを基に実際に利用できる実態である**インスタンス**を作成して利用します。その際の書式を以下に示します。

---インスタンスの作成---
クラス名 インスタンス名 ;
インスタンス名 = **new** クラス名();

以下のように、1行で書くこともできます。

---インスタンスの作成（簡略版）---
クラス名 インスタンス名 = **new** クラス名();

インスタンスは、作成元のクラスに記述しているメソッドを利用できます。その場合の書式を以下に示します。

---メソッドの実行---
インスタンス名.メソッド名(引数);

例 2 例1の Syori というクラスを基に、mm というインスタンスを作成し、二つの整数の合計を求め、整数型変数 ss に代入する場合、次のように書きます。

```
Syori mm = new Syori();      //mm というインスタンスを作成
mm.Atai(5,10);               //Atai というメソッドによりフィールドに値を設定
ss = s.Wa();                 //Wa というメソッドを使って合計を求め、変数 ss に代入
```

例題 10.1

二つの数の和と差を求めるクラスを作り、これを用いて、図 10.3 のように、入力した数の和と差を表示するプログラムを作成してみましょう。

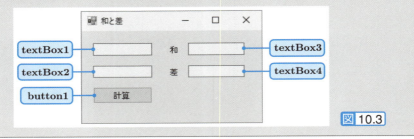

図 10.3

【解答】プログラムは以下のようになります。今回は入力する部分がわかりやすいように、全プログラムリストを示します。実際に入力するのは破線で囲まれた部分です。作成したクラスを別ファイルに記述する方法もありますが、今回は同じファイルに記述しました。

```
using System;
using System.Collections.Generic;
using System.ComponentModel;
using System.Data;
using System.Drawing;
using System.Linq;
using System.Text;
using System.Threading.Tasks;
using System.Windows.Forms;

namespace 例題１０_１
{
    public partial class Form1 : Form
    {
        public Form1()
        {
            InitializeComponent();
```

```
        }

        private void button1_Click(object sender, EventArgs e)
        {
            double a, b;
            a = Convert.ToDouble(textBox1.Text);
            b = Convert.ToDouble(textBox2.Text);
            Enzan en = new Enzan();          //Enzan クラスのインスタンスを作成
            en.Atai(a, b);                   // インスタンスへ値を設定
            textBox3.Text = Convert.ToString(en.Wa());
            textBox4.Text = Convert.ToString(en.Sa());
        }
    }

    class Enzan                              //Enzan クラスの定義
    {
        double a, b;
        public void Atai(double aa, double bb)   // フィールドに値を設定するメソッド
        {
            a = aa;
            b = bb;
        }
        public double Wa()       // 和を求めるメソッド
        {
            return a + b;
        }
        public double Sa()       // 差を求めるメソッド
        {
            return a - b;
        }
    }
}
```

　このプログラムでは、Enzan というクラスの中に、フィールドに値を設定するメソッド、和を求めるメソッド、差を求めるメソッドを作っています。このクラスを基に en というインスタンスを作成し、これを用いて計算を行っています。

次の例題は、フィールドが配列の場合です。

例題 10.2

図10.4のように、5個の配列要素の合計を計算するクラスを作成し、入力したデータの合計を出力するプログラムを作成してみましょう。なお、データは整数とします。

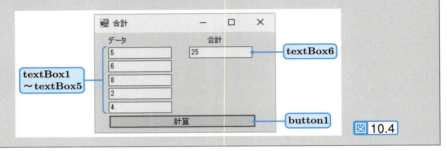

図 10.4

【解答】 以下に、ネームスペース内のプログラムリストを示します。入力するのは破線で囲まれた部分です。

```
namespace 例題10_2
{
    public partial class Form1 : Form
    {
        public Form1()
        {
            InitializeComponent();
        }
        private void button1_Click(object sender, EventArgs e)
        {
            int[] a = new int[5];
            a[0] = Convert.ToInt32(textBox1.Text);
            a[1] = Convert.ToInt32(textBox2.Text);
            a[2] = Convert.ToInt32(textBox3.Text);
            a[3] = Convert.ToInt32(textBox4.Text);
            a[4] = Convert.ToInt32(textBox5.Text);
            Keisan ss = new Keisan();    //Keisanクラスのインスタンスを作成
            ss.Atai(a);                  // インスタンスへ値を設定
            textBox6.Text = Convert.ToString(ss.Goukei());
        }
    }
```

```
class Keisan                                //Keisanクラスの定義
{
    int[] a = new int[5];        // フィールド定義

    public void Atai(int[] aa)  // 値を設定するメソッド
    {
        for (int i = 0; i < 5; i++)
            a[i] = aa[i];
    }

    public int Goukei()          // 合計を求めるメソッド
    {
        int s = 0;
        for (int i = 0; i < 5; i++)
            s = s + a[i];
        return s;
    }
}
```

このプログラムでは、Keisanというクラスの中に、値を設定するメソッド、配列要素の合計を求めるメソッドを作っています。このクラスを基にssというインスタンスを作成し、これを用いて計算を行っています。

10.4 継承

オブジェクト指向プログラミングにおいて、重要な特徴の一つに**継承**があります。これは、すでに存在するクラスを基にして、新しいクラスを作成することです。基となるクラスを**基底クラス**、**親クラス**、**スーパークラス**などといいます。また、継承によって作られるクラスを**派生クラス**、**子クラス**、**サブクラス**などといいます。派生クラスは、基底クラスの機能をすべて引き継いでおり、派生クラス側には追加したい定義のみを記述します。継承を利用すると、既存のクラスを簡単に再利用することができ、プログラミング作成の効率化につながります。

---- 派生クラスの作成法 ----
```
class  派生クラス名 : 基底クラス名
{
     追加する定義をここに記述する
}
```

142 Chapter 10 オブジェクト指向

例 1　前節の例1の`Syori`というクラスを基底クラスとして、減算のメソッドを追加した`Syori2`というクラスを作成する場合、次のように書きます。

```
class Syori2 : Syori       //Syori クラスを基に Syori2 という派生クラスを作成
{
    public int Sa()         // 二つの整数の差を返すメソッド
    {
        return a - b;
    }
}
```

　ただし、このままではエラーが発生します。これは、基底クラスのフィールド定義においてアクセス修飾子を省略したので、フィールドが`private`扱いになっており、ほかのクラスから参照できないためです。そこで、基底クラスのフィールド定義においてアクセス修飾子として`protected`を付け、`protected int a, b;`と修正することで、派生したクラスからのアクセスを許可します。

例題 10.3

　例題10.1で作成したクラスを基底クラスとして、二つの数の積と商を求める機能を追加した派生クラスを作り、これを用いて、入力した数の和、差、積、商を計算するプログラムを作成しなさい。

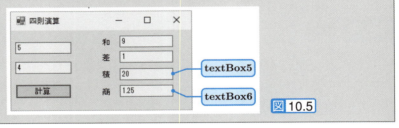

図 10.5

【解答】以下に、ネームスペース内のプログラムリストを示します。入力するのは破線で囲まれた部分です。

```
namespace 例題１０_３
{
    public partial class Form1 : Form
    {
        public Form1()
        {
            InitializeComponent();
        }
```

```csharp
        private void button1_Click(object sender, EventArgs e)
        {
            double a, b;
            a = Convert.ToDouble(textBox1.Text);
            b = Convert.ToDouble(textBox2.Text);
            Enzan2 en = new Enzan2();      //Enzan2 クラスのインスタンスを作成
            en.Atai(a, b);                 // インスタンスへ値を設定
            textBox3.Text = Convert.ToString(en.Wa());
            textBox4.Text = Convert.ToString(en.Sa());
            textBox5.Text = Convert.ToString(en.Seki());
            textBox6.Text = Convert.ToString(en.Syou());
        }
    }

    class Enzan                                    //Enzan クラスの定義
    {
        protected double a, b;   // フィールド定義
        public void Atai(double aa, double bb)   // フィールドに値を設定するメソッド
        {
            a = aa;
            b = bb;
        }
        public double Wa()       // 和を求めるメソッド
        {
            return a + b;
        }
        public double Sa()       // 差を求めるメソッド
        {
            return a - b;
        }
    }

    class Enzan2 : Enzan                           //Enzan クラスを基に Enzan2
    {                                              // という派生クラスを作成
        public double Seki()     // 積を求めるメソッド
        {
            return a * b;
        }
        public double Syou()     // 商を求めるメソッド
        {
            return a / b;
        }
    }
}
```

このプログラムでは、二つの数の和と差を求める Enzan というクラスを基底クラスとして積と商を求める機能を追加した Enzan2 という派生クラスを作っています。この Enzan2 というクラスを基に ss というインスタンスを生成し、これを用いて計算を行っています。

練習問題10

1 5個のデータの合計と平均を計算するプログラムを、クラスを用いて作ってください（作成例：問図10.1）。

問図 10.1

2 上で作成したクラスを基底クラスとして派生クラスを作り、最大と最小を求めるメソッドを追加してください。これを用いて、最大値も最小値も求められるプログラムを作ってください（作成例：問図10.2）。

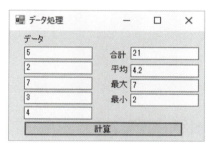

問図 10.2

3 複素数の実部と虚部を設定すると、複素数の大きさと偏角を求めるプログラムを、クラスを用いて作ってください（作成例：問図10.3）。

問図 10.3

練習問題略解

本書の各章末にある練習問題の略解（ヒントまたは解答方針）です。詳細な解答とプログラムファイルは、以下の URL よりダウンロードできます。

http://www.morikita.co.jp/books/mid/081841

◆ 練習問題 1 ◆

1-1 label1 の値を 10 増やすためには、次のように記述します。
```
label1.Text = Convert.ToString(Convert.ToInt32(label1.Text) + 10);
```
1-2 左のボタンには左のラベルの値を 1 増やすプログラムを記述します。また、右のボタンには右のラベルの値を 1 増やすプログラムを記述します。

1-3 左上のボタンには左のラベルの値を 1 増やすプログラムを、右上のボタンには右のラベルの値を 1 増やすプログラムを記述します。また、左下のボタンには左のラベルの値を 1 減らすプログラムを、右下のボタンには右のラベルの値を 1 減らすプログラムを記述します。

◆ 練習問題 2 ◆

2-1 2 個のテキストボックスの値を、`Convert.ToDouble` を用いて倍精度浮動小数点型に変換し、それぞれ倍精度浮動小数点型の変数に代入します。三角形の面積は、「底辺×高さ÷2」で求めることができます。C# では、乗算演算子は「*」、除算演算子は「/」です。

2-2 3 個のテキストボックスの値を、`Convert.ToDouble` を用いて倍精度浮動小数点型に変換し、それぞれ倍精度浮動小数点型の変数に代入します。台形の面積は、「（上底＋下底）×高さ÷2」で求めることができます。

2-3 テキストボックスに入力した半径の値を、`Convert.ToDouble` を用いて倍精度浮動小数点型に変換し、倍精度浮動小数点型の変数に代入します。表面積と体積を求める計算にべき乗が必要です。べき乗は `Math.Pow` 関数を用いてもよいのですが、2 乗は 2 回、3 乗は 3 回、同じ数を掛け合わせることでも計算できます。

◆ 練習問題 3 ◆

3-1 if 文を用います。入力した数を 2 で割ったときの余りが、0 ならば偶数、違えば奇数です。なお、割り算の余りを求める演算子は「%」です。

3-2 if 文による 2 条件分岐（3.3 節）の練習問題です。入力した身長から 100 を引き、これに 0.9 を乗じて理想体重を計算します。実際の体重が理想体重に 1.1 を乗じたものより重ければ、「太りすぎです」と表示します。実際の体重が理想体重に 0.9 を乗じたものより軽ければ、「痩せすぎです」と表示します。また、いずれの条件も成立しないとき、「ちょうどよい体重です」と表示します。

3-3 $ax^2 + bx + c = 0 \ (a \neq 0)$ の解は $x = \dfrac{-b \pm \sqrt{b^2 - 4ac}}{2a}$ ですが、判別式 $D = b^2 - 4ac$ の値に応じて分けて考えなければなりません。$D = 0$ の場合は、解は 1 個です。$D > 0$ の場合は、実数解なので、そのままの計算により求められます。$D < 0$ の場合は、ルート記号の中の符号

が負で、複素数解になるため、注意が必要です。実部は $\dfrac{-b}{2a}$、虚部は虚数単位記号（i）を用いて $\pm\dfrac{\sqrt{4ac-b^2}}{2a}i$ となります。

◆練習問題 4◆

4-1 for 文による繰り返しの練習問題です。使用する変数ですが、今回は計算結果が大きな値になるため、64 ビット整数型（long 型）を使うことをお勧めします。例題 4.1 に類似しています。例題 4.1 では、1 から入力した数までを足し合わせていますが、この練習問題では、1 から入力した数までを掛け合わせます。なお、計算結果を記憶しておく変数の初期値が 0 だと何を掛け合わせても結果が 0 になってしまうので、変数の初期値は 1 にする必要があります。

4-2 while 文による繰り返しの練習問題です。n の初期値を 0 として、$n\times(n+1)\times(n+2)$ の値が Limit より小さい間、n の値を 1 増加させながら繰り返します。ループを抜けたのち、n、$n+1$、$n+2$、$n\times(n+1)\times(n+2)$ を表示します。

4-3 2 重ループの練習問題です。外側のループで変数 1 の値を n から m まで 1 増加させながら繰り返し、内側のループで変数 2 の値を 1 から 9 まで 1 増加させながら繰り返します。そして、変数 1 と変数 2 を掛けた値を足し合わせていきます。

◆練習問題 5◆

5-1 整数型の配列を宣言し、Multiline 指定のテキストボックスからデータを配列に読み込みます。この部分のプログラムは、例題 5.4 を参考にしてください。次に、配列に記憶されているデータの最小値を探し出します。この部分のプログラムは、例題 5.2 を参考にしてください。

5-2 例題 5.4 のプログラムは、小さい順（昇順）に並び替えるプログラムです。大きい順（降順）に並び替えるプログラムは、小さい順（昇順）に並び替えるプログラムにおける if 文の条件を変更するだけです。

5-3 例題 5.7 のプログラムにおいて、2 次元配列 data[i,j] に点数が入ります。i 番目の人の国語の点数が data[i,0]、数学の点数が data[i,1]、合計点数が data[i,2] に保存されています。国語の点数の合計は、i を 0 から 5 まで 1 増加させながら data[i,0] を加算していけば求められます。同様に、数学の点数の合計は、i を 0 から 5 まで 1 増加させながら data[i,1] を加算していけば求められ、各科目の合計点の合計は、i を 0 から 5 まで 1 増加させながら data[i,2] を加算していけば求められます。平均点は、これらの点数を人数 6 で割って求められます。

◆練習問題 6◆

6-1 練習問題 4-1 のプログラムと同じ機能のプログラムですが、階乗を計算するメソッドを作り、これを利用してプログラムを作ります。階乗計算の結果が大きな値になるため、メソッドの戻り値を 64 ビット整数型（long 型）にすることをお勧めします。

6-2 例題 4.1 のプログラムと同じ機能のプログラムですが、成績判定を行うメソッドを作り、これを利用してプログラムを作ります。成績判定のメソッドは、整数型の点数のデータをもらい、文字列型の判定結果を返します。

6-3 複利計算を行うメソッドは、整数型の元金のデータ、倍精度浮動小数点型の利率のデータ、整数型の何年後かのデータをもらい、整数型の元利合計を返します。n 年後の元利合計は、for 文を用いて、元金に（1＋利率）を n 回かけることで求めることができます。このとき、利率を%

で入力させているので、100 で割ることを忘れないでください。また、浮動小数点型の値を整数型に変換して代入する場合、キャスト演算子 (int) を用います (72 ページを参照)。

◆練習問題 7◆

7-1 1 行に 1 個の整数データが書かれているので、ReadLine() を用います。ReadLine() によりファイルからデータを 1 行ずつ読みながら、これを整数型に変換して足し合わせていきます。この操作を for 文により 6 回繰り返せば合計が求められ、合計を 6 で割れば平均が求められます。最後にストリームリーダーオブジェクトを閉じることを忘れないでください。

7-2 6 個の要素をもつ整数型配列を宣言します。ReadLine() によりファイルからデータを 1 行ずつ読みながら、整数型に変換して配列に代入します。配列に記憶したデータの中で最大値を見つけるプログラムは、例題 5.2 を参考にしてください。なお、例題 5.2 の場合、データ数が 5 個ですが、今回はデータ数が 6 個なので気を付けてください。

7-3 6 個の要素を持つ文字列型の配列と整数型の配列を宣言します。ReadLine() によりファイルからデータを 1 行ずつ読みながら、Split(',') により分割します。分割したデータの、最初の要素を文字列型の配列に記憶し、次の要素を整数型に変換して整数型の配列に記憶していきます。すべてのデータを配列に読み終えたら、最高得点のデータを探します。その際に、氏名も記憶しておきます。

◆練習問題 8◆

8-1 メソッドの外で時間計測用の変数を宣言します。タイマーの Interval を 100 にして、100 ミリ秒毎にこの変数の値を 1 増加させます。[Start]が押されると、この変数の値を 0 にした後、タイマーの Enabled を true にして時間の計測をはじめます。[Stop]が押されると、タイマーの Enabled を false にして時間の計測を停止し、得点を計算し表示します。

8-2 例題 8.5 を参考にプログラムを作成してください。if 文において、上の行、中の行、下の行、左上から右下への斜め、右上から左下への斜めの 5 パターンのいずれかがそろっていれば、コインが 100 増えるようにします。このような複数の条件からなる複雑な条件の作成には、条件演算子 (表 3.2) を使用します。

8-3 描画ソフト (Windows に付属のペイントなど) により、穴の絵と、穴からモグラが顔を出している絵の二つを描きます。ピクチャーボックスを 12 個配置し、pictureBox1 から pictureBox6 には穴の絵を、pictureBox7 から pictureBox12 にモグラの絵を Image に設定します。穴の絵の上にモグラの絵を重ねます。pictureBox7 から pictureBox12 のピクチャーボックスをランダムに表示させ、これらをクリックすると得点が増えるようにします。プログラム記述は、例題 8.6 を参考にしてください。

◆練習問題 9◆

9-1 例題 9.4 を参考にして、タイマーにより 4 個のピクチャーボックスが動くようにします。コントロール配列を用いると、プログラムの記述量を減らすことができます。また、ピクチャーボックスをクリックした際のプログラムコードは同一であるため、1 個のプログラムコードのみ記述して、ほかのピクチャーボックスがクリックされた際に呼び出すように設定すると、プログラムの記述量を減らすことができます。残り時間については、タイマーをもう一つ追加し、新たに追加したタイマーにより 1 秒ごとに値を 1 減少させます。残り時間がなくなったら、ピクチャーボッ

クスの Enabled を false にして非表示にします。

9-2 練習問題 9-1 と同様に、タイマーにより 4 個のピクチャーボックスが動くようにします。また、制限時間の機能も付けます。天使の絵の移動と矢の発射のプログラムについては、例題 9.5 を参考にしてください。

9-3 2 個のタイマーを使用します。一つのタイマーでワニを動かし、もう一つのタイマーで残り時間を表示させます。コントロール配列を用いると、プログラムの記述量を減らすことができます。

◆練習問題 10◆

10-1 例題 10.2 の `Keisan` というクラスの中には、値を設定するメソッドと合計点を計算するメソッドしかありませんでした。この中に、平均を計算するメソッドを追加します。

10-2 練習問題 10-1 でメソッドを追加したクラスを基底クラスとして、派生クラスを作ります。この派生クラスの中に、最大値と最小値を求めるメソッドを記述します。派生クラスを使用する場合、基底クラスのフィールド定義のところに、アクセス修飾子として `protected` を付けることを忘れないでください。

10-3 複素数のクラスは、実部と虚部を記憶する 2 個の倍精度浮動小数点型変数をメンバー変数としてもちます。クラス内に、値を設定するメソッド、ベクトルの大きさを計算するメソッド、偏角を計算するメソッドの 3 個のメソッドを作成します。ベクトルの大きさは、三平方の定理により、実部の 2 乗と虚部の 2 乗を足して平方根をとることで求めることができます。また、偏角は、$\tan^{-1}$（アークタンジェント）という関数を用い、$\tan^{-1}$（虚部÷実部）で求めることができます。C# には、$\tan^{-1}$ の計算用に `Math.Atan` という関数があるので、これを用います。

索引

英数字

!	39	
!=	38	
%	29	
&&	39	
*	29	
*=	52	
/	29	
/=	52	
@	101	
||	39	
¥	101	
¥r¥n	79	
+=	52	
<	38	
<=	38	
-=	52	
==	38	
>	38	
>=	38	
1次元配列	82	
2次元配列	82	
2重ループ	64	
32ビット整数型	24	
3次元配列	82	
3重ループ	64	
64ビット整数型	24	
AutoSize	109（図8.2）	
break	46	
Button	6	
char	24	
CheckBox	51	
Close	99	
Control	115	
Convert.ToDouble	33	
Convert.ToInt32	10, 33	
Convert.ToInt64	33	
Convert.ToString	10, 33	
default	46	
double	24	
do-while	62	
e.KeyCode	126	
else	38	
Enabled	111	
FileName	105	
float	24	
for	54	
foreach	71	
GroupBox	49	
Height	124	
if	38	
Image	109（図8.2）	
InitializeComponent	134	
int	24	
internal	136	
Interval	111	
KeyDown	126	
Keys.Down	127	
Keys.Left	127	
Keys.Right	127	
Keys.Up	127	
Label	7	
Left	121	
Location	121	
long	24	
Math.Abs	31	
Math.Cos	31	
Math.Exp	31	
Math.Log	31	
Math.Pow	31	
Math.Round	31	
Math.Sin	31	
Math.Sqrt	31	
Math.Tan	31	
Multiline	78	
namespace	133	
Next	108	
OpenFileDialog	105	
pictureBox	109（図8.2）	
private	136	
protected	136	
public	136	
RadioButton	49	
Random	108	
ReadLine	102	
ReadToEnd	102	
ref	93	
return	88	
SaveFileDialog	105	
ShowDialog	105	
SizeMode	109（図8.2）	
Split	103	
StreamReader	102	
StreamWriter	97	
string	24	
switch case	46	
System.IO	97	
TextBox	33	
this	124	
Timer	111	
Top	121	
Unicode	107	
using	97, 133	
Visible	110	
void	93	
while	60	
Write	98	
WriteLine	98	

あ行

アクセス修飾子	136
値渡し	93
アットマーク	101
後判定の繰り返し	62
イベント	5
インスタンス	135, 137
インスタンス化	135
インデックス	69
隠蔽	135
エンマーク	101
オブジェクト	5
オブジェクト指向	132
親クラス	141

━━━ か 行 ━━━

改行コード……………………… 79
カプセル化……………………… 135
仮引数…………………………… 88
関係演算子……………………… 38
基底クラス……………………… 141
キャスト演算子………………… 72
クラス…………………………… 132
クラスライブラリー…………… 133
繰り返し処理…………………… 54
グループボックス……………… 49
クローズ………………………… 99
継承……………………………… 141
子クラス………………………… 141
コサイン………………………… 31
コードウィンドウ……………… 9
コメント………………………… 32
コントロール…………………… 5
コントロール配列……………… 115

━━━ さ 行 ━━━

サイン…………………………… 31
サブクラス……………………… 141
算術演算子……………………… 29
参照渡し………………………… 93
四捨五入………………………… 31
指数関数………………………… 31
自然対数………………………… 31
実引数…………………………… 89
順次処理…………………… 24, 38
条件演算子……………………… 39
条件分岐………………………… 38
シングルクォーテーション…… 26
スコープ………………………… 26

ストリームライターオブジェクト
　………………………………… 97
ストリームリーダーオブジェクト
　………………………………… 102
スーパークラス………………… 141
絶対値…………………………… 31
選択処理………………………… 38
添字……………………………… 69

━━━ た 行 ━━━

代入演算子……………………… 52
多次元配列……………………… 82
多重ループ構造………………… 64
ダブルクォーテーション……… 26
タンジェント…………………… 31
端子記号………………………… 39
単精度浮動小数点型…………… 24
チェックボックス……………… 51
逐次処理…………………… 24, 38
ツールボックス………………… 4
テキストボックス……………… 33

━━━ な 行 ━━━

流れ図…………………………… 38
名前空間…………………… 97, 132

━━━ は 行 ━━━

倍精度浮動小数点型…………… 24
配列変数………………………… 68
配列変数名……………………… 69
配列要素………………………… 69
パス……………………………… 101
派生クラス……………………… 141
引数……………………………… 31

ピクセル………………………… 121
フィールド……………………… 136
フォームデザイナ……………… 11
複文……………………………… 38
プロジェクト…………………… 2
フローチャート………………… 38
ブロック………………………… 38
プロパティ……………………… 5
べき乗…………………………… 31
変数……………………………… 24
変数宣言………………………… 25
ボタン…………………………… 6

━━━ ま 行 ━━━

前判定の繰り返し……………… 60
メソッド………………………… 88
メンバー変数…………………… 136
文字型…………………………… 24
文字列型………………………… 24
戻り値…………………………… 88

━━━ や 行 ━━━

予約語…………………………… 25

━━━ ら 行 ━━━

ラジオボタン…………………… 49
ラベル…………………………… 7
乱数……………………………… 108
リテラル………………………… 26
ルート…………………………… 31
ループ処理……………………… 54
連結演算子……………………… 10

著者略歴

藤本　邦昭（ふじもと・くにあき）
　1989 年　東海大学大学院工学研究科 修了
　1989 年　長崎女子短期大学 講師
　1991 年　九州東海大学 助手
　1994 年　九州東海大学 講師
　2001 年　九州東海大学 助教授
　2008 年　東海大学 准教授
　2010 年　東海大学 教授
　　　　　現在に至る

編集担当　村瀬健太（森北出版）
編集責任　藤原祐介（森北出版）
組　　版　ビーエイト
印　　刷　エーヴィスシステムズ
製　　本　協栄製本

ゼロからはじめる Visual C# 入門
基礎とアプリケーション作成　　　　　　　　© 藤本邦昭　2018

2018 年 9 月 13 日　第 1 版第 1 刷発行　【本書の無断転載を禁ず】

著　　者　藤本邦昭
発 行 者　森北博巳
発 行 所　森北出版株式会社
　　　　　東京都千代田区富士見 1-4-11（〒 102-0071）
　　　　　電話 03-3265-8341／FAX 03-3264-8709
　　　　　http://www.morikita.co.jp/
　　　　　日本書籍出版協会・自然科学書協会　会員
　　　　　JCOPY ＜(社)出版者著作権管理機構　委託出版物＞

落丁・乱丁本はお取替えいたします．

Printed in Japan／ISBN978-4-627-81841-5